Beauté et perfection
des objets japonais du quotidien

Wazakka

フランス語＝Laurent Strim
デザイン＝佐久間 麻里 (3Bears)
撮　　影＝寺岡 みゆき
仏語編集協力＝倉舘 健一

※本書で掲載している商品は全て 2019 年 1 月時点のものです。

日仏対訳

日本人の暮らしを彩る

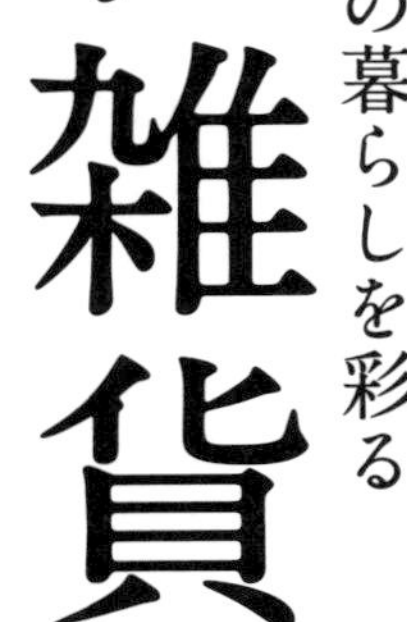

和雑貨

君野倫子 著

ローラン・ストリム フランス語訳

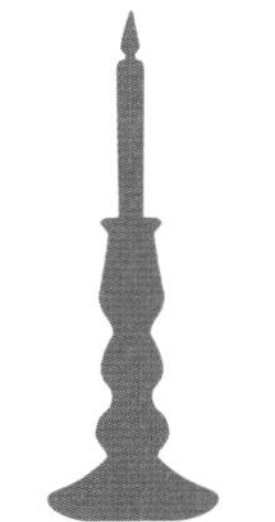

Beauté et perfection des objets japonais du quotidien Wazakka

Rinko Kimino

IBCパブリッシング

Préface

Voilà dix ans que je vis en dehors du Japon. J'ai eu de nombreuses occasions de présenter la culture japonaise : kimonos, *kabuki*, *wazakka*, etc., que ce soit dans mon pays ou à l'étranger, et je pensais depuis longtemps qu'il serait bien d'écrire un livre incluant tous les objets *wazakka* que j'adore. Étant japonaise, je n'ai pas besoin d'explication pour comprendre ce mot, mais lorsque j'avais essayé d'en expliquer le sens à des étrangers, il en était ressorti une impression de choses disparates, tel un terme péjoratif, et j'avais eu du mal à le définir clairement. Dès lors, je me suis demandé en maintes circonstances ce qu'étaient exactement les *wazakka* ? J'ai finalement trouvé ma propre définition : des ustensiles qui combinent la beauté de l'artisanat traditionnel avec la fonctionnalité du quotidien.

Les *wazakka* que j'aime sont des objets d'une grande qualité fabriqués à la main, qui ont atteint à travers les siècles une perfection minimaliste et recèlent une grande beauté. Chaque objet est doté de son propre esprit, d'agrément et de sagesse. Ils combinent également fonctionnalité et praticité pour enrichir les besoins quotidiens – nourriture, habillement et styles de vie. Les bougies *wa rosoku* sont un exemple de la relation ancienne que les Japonais entretiennent avec le feu. La conscience des clochettes à vent et des éventails *uchiwa* crée un sentiment de fraîcheur. Un essuie-mains *tenugui* n'est peut-être qu'un simple bout de tissu, mais il a de multiples usages, reflétant quelque chose d'authentiquement japonais.

Dans ce livre, je présente l'histoire et les techniques fascinantes qui se sont transmises à travers les mains expertes d'artisans. J'aimerais que les lecteurs japonais soient capables de redécouvrir les merveilles de la culture traditionnelle qui perdure de nos jours, et en soient fiers, tandis que les lecteurs étrangers entreront en contact avec ces magnifiques ustensiles et les artisans talentueux qui les fabriquent. Je serais également très heureuse si les lecteurs prenaient plaisir à apprendre avec quelles pensées ces ustensiles furent créés et appréhendaient, ne serait-ce qu'un peu, leur essence japonaise.

Rinko Kimino

はじめに

私が海外で暮らすようになってから10年が経ちます。これまで着物、歌舞伎、和雑貨など日本文化を国内外で紹介する機会をたくさんいただいてきました。そして長年、私が愛する日本の和雑貨を１冊の本にまとめたいと思っていました。この日本人なら説明しなくてもわかる「和雑貨」という言葉、いざ海外でそれを説明しようとすると「日本のこまごまとした物」という味気のない言葉になってしまい、ぴたりと来る説明がなかなか見つかりません。以来、「和雑貨」って何だろう、と幾度となく考えてきました。そして私なりに見つけた「和雑貨」の定義は「伝統工芸品としての美しさと日用品としての機能を持ち合わせた道具である」ということ。

私が愛する和雑貨には、長い時間をかけて無駄を削ぎ落とした伝統工芸の繊細さ、美しさがあります。物によっては、そこに祈りがあったり、遊び心があったり、智慧があったりします。そして、日々の衣食住を豊かにする機能性、実用性を兼ね備えています。例えば、和ろうそくを知ると日本人がどのように火とつきあってきたかがわかります。風鈴やうちわを知ると涼を取るという感性がわかります。１枚の布である手ぬぐいを何十種類もの使い方をしてしまう工夫に日本人らしさを感じます。

この本では、職人さんたちの手で今に伝えられてきた歴史や技をご紹介していますが、日本人の方には、今でもこうして残っている伝統文化の素晴らしさを再発見し、誇りに思ってほしいのです。海外の方には、日本の美しい道具、それを作る職人技に触れていただけたらと思います。そして、その道具の背景にある心のありようや日本人らしさを少しでも読み取っていただけたら嬉しいです。

君野倫子

Sommaire／目次

Chapitre 1 Accessoires 装

Chapitre 2 La table 食

Chapitre 3 Style de vie 暮

Chapitre 1

Accessoires

装

Porte-monnaie à fermoir et étuis à passeport *bunkogawa*

La maroquinerie de Himeji, appelée aussi *bunkogawa*, est un artisanat traditionnel de la région de Banshu Himeji, dans la préfecture de Hyōgo. Ce travail du cuir, utilisé depuis l'époque Sengoku pour les harnais et les armures, était très prisé des samouraïs. Les artisans n'emploient que des procédés manuels. Ils commencent par presser la peau de bœuf tannée blanche dans des moules pour l'estamper, puis appliquent chaque couleur au pinceau afin de donner à la pièce ses détails complexes. On utilise ensuite de la poudre d'une plante appelée *makomo* et de la laque pour lui donner un aspect ancien, grâce à une technique traditionnelle de patinage (*sabi-ire*).

Cette technique de patinage, tenue secrète, confère au cuir une apparence de profondeur unique en lui ajoutant une teinte brune, qui suscite également un sentiment de nostalgie. Actuellement, le seul lieu où l'on produit encore du cuir de manière traditionnelle sous l'appellation de *bunkogawa* est le célèbre magasin de maroquinerie Bunkoya Oozeki.

À l'époque d'Edo, la maroquinerie *bunkogawa* était utilisée pour décorer les boîtes à papeterie destinées à conserver des fournitures de valeur, après quoi on a commencé à s'en servir pour les porte-cigarettes, les dossiers et les porte-monnaie à fermoir. Il existe plus de trois cents motifs pour l'estampage du cuir, et l'éventail des produits s'est élargi pour inclure aujourd'hui des portefeuilles, des couvertures de livres, des étuis à passeport, des porte-clés, des porte-cartes et bien d'autres objets encore.

文庫革のがま口・パスポートケース

「文庫革」とは、播州姫路で生産されている工芸品で「姫路革細工」とも呼ばれています。戦国時代から馬具や武具に用いられ、武士たちに愛されてきました。すべて職人の手によって、真っ白な牛革に型を押し、ひと筆ずつ、一色ごとに繊細な彩色を施し、「まこも」という植物の粉と漆で古びをつける「錆入れ」と呼ばれる製法により作られています。

この文庫革の秘伝の製法「錆入れ」が入ると、独特の立体感と褐色を帯びた色合いになり、どこか懐かしさを感じさせます。現在、昔ながらの製法で文庫革の名前で製作しているのは、日本国内で老舗・文庫屋「大関」1軒だけです。

江戸時代、文庫革は「文庫箱」という貴重品入れの装飾品として使われ、その後、煙草入れ、紙入れ、がま口にも用いられるようになりました。型押しに使われる柄の型数は300以上もあり、現在は財布の他にも、ブックカバー、パスポートケース、キーケース、名刺入れなど用途のバリエーションも豊富です。

HAKUHODO
HAKUHODO
HAKUHODO
HAKUHODO

Pinceaux à maquillage

La société Hakuhodo, qui commercialise des pinceaux à maquillage, est basée à Kumano (préfecture de Hiroshima), une ville renommée dans tout le Japon pour ce type de production. Ces pinceaux, utilisés par les professionnels, sont devenus très populaires chez les femmes en général. Chaque année, ce sont quatre millions de pinceaux à cosmétiques qui sont produits selon des techniques traditionnelles, comptant plus de quatre-vingts opérations distinctes. Leur attrait provient de leur caractère lisse et souple, obtenu grâce au procédé méticuleux par lequel sont éliminés tous les poils de mauvaise qualité. Il en existe de différentes formes et tailles correspondant à différents besoins et, dans son souci de fonctionnalité, Hakuhodo a mis au point des pinceaux qui permettent une application aisée et rapide, avec un fini superbe.

化粧筆

日本一の筆の産地、広島県熊野町にある「白鳳堂」の化粧筆。プロのメーキャップアーティスト御用達の化粧筆は、現在は一般の女性たちにも絶大な人気を誇ります。年間に生産される化粧筆は400万本で、伝統技法に基づく80にも細分化された工程から作られています。徹底的に品質の悪い毛を取り除くことで生み出される、しなやかで滑らかな感触が魅力のひとつです。その用途に応じて筆の大きさや形、毛の素材を厳選して機能性を追求したことにより、はやく、きれいに、かんたんに化粧ができる筆になりました。

Broderie *kogin-zashi*

La broderie *kogin-zashi* provient de la région de Tsugaru, dans la préfecture d'Aomori. Elle utilise des motifs géométriques complexes si magnifiquement détaillés que les points ne semblent pas être faits à la main. À Tsugaru, le mot *kogin* désigne les vêtements que l'on porte pour les travaux des champs et c'est de là que cette technique tire son nom. La broderie *kogin-zashi* se caractérise par l'utilisation d'un fil de coton blanc sur du chanvre teint à l'indigo, ainsi que par des motifs de losange traditionnels appelés *modoko*. Ces motifs sont combinés pour créer différents schémas, qui se comptent par centaines.

Comme il est difficile de cultiver le coton dans les régions septentrionales à cause des longs hivers, on avait l'habitude de le remplacer par du chanvre pour l'habillement. Toutefois, c'est un tissu aux mailles grossières, avec des espaces qui laissent passer le vent. En bouchant chacun de ces trous, un par un, au moyen de points de broderie, on renforçait le tissu et augmentait sa capacité à garder la chaleur. La broderie *kogin-zashi* est née de la sagesse et de l'ingéniosité des femmes des familles paysannes, qui cherchaient à lutter contre le froid. Au centre de recherche sur la broderie *kogin-zashi* de Hirosaki, dans la préfecture d'Aomori, environ soixante-dix artisans perpétuent ce savoir-faire traditionnel.

こぎん刺し

青森県津軽地方に古くから伝わる刺繍「こぎん刺し」は、手刺繍と思えないほどの緻密な幾何学模様が本当に美しいです。津軽では、野良着のことを「こぎん」と呼ぶことから、その名がついたといいます。伝統的なこぎん刺しは、藍染の麻に白い木綿糸で刺すのが特徴で、「モドコ」と呼ばれる伝統的な菱模様が入っています。モドコの組み合わせで柄が出来上がり、その数は数百種類もあります。

冬が長い北国では綿の栽培が難しく、衣服に使われていた麻の生地では目が粗く寒さを防ぐことができません。そこで、粗い糸目を埋めるように一針一針刺していくことで、生地の補強と同時に保温性を高めたといいます。寒さをしのぐため、農家の女性たちの知恵と工夫から生み出されたのが、こぎん刺しなのです。青森県弘前市にある「弘前こぎん研究所」には、現在70名ほどの刺し手がいて、こぎん刺しを伝承しています。

Écharpes *sakura-zome*

Dans les temps anciens, on croyait que les dieux vivaient dans les *sakura* (cerisiers), et depuis l'époque Heian, les gens aiment à contempler les cerisiers en fleur, très souvent mentionnés dans les poèmes et les chansons. Le *sakura* est devenu comme une représentation du Japon lui-même. Ses fleurs, avec leur teinte rosée douce et subtile, leur sobre élégance, s'épanouissent pleinement au sortir de l'hiver, pour tomber instantanément. C'est peut-être cette pureté fugace que les Japonais trouvent si séduisante.

Les Japonais ont une profonde affection pour la couleur des fleurs de *sakura*. À l'époque d'Edo, cette couleur était créée au moyen de garance et de carthame, et elle existe encore aujourd'hui, grâce à l'usage d'autres plantes et de teintures chimiques. Toutefois, on trouve très rarement une couleur *sakura* créée uniquement à partir de cerisiers. Celle de ces écharpes a été mise au point par l'usine de teinturerie Kobo Yumezaiku dans la préfecture de Fukuoka, à l'issue d'essais répétés avec diverses matières de base, dont l'écorce et les bourgeons de cerisiers. Ce rose pâle unique est en réalité contenu à l'intérieur des branches, juste avant la floraison, et chaque année il diffère, même s'il est extrait du même arbre. La couleur de ces écharpes ne se voit littéralement qu'une fois dans une vie.

桜染めストール

古来、桜の木には神が宿るとされ、平安時代から人々は桜を愛でる花見を催し、桜を歌に詠んできました。そして、いつしか桜は日本人にとって、日本そのものを象徴する存在となりました。自己主張しすぎない優しい花の色に漂う奥ゆかしさ、長い冬が終わって満開になったかと思うと瞬く間に散ってしまうはかなさ、潔さに、日本人は美しさを感じるのかもしれません。

日本人が愛する「桜色」。江戸時代にもアカネやベニバナで染めた「桜色」は存在し、現在も化学染料や他の草木を使って染めた「桜色」があります。でも、桜だけを使って染めた「桜色」は極めて珍しいのです。このストールの桜色は、福岡県の「工房夢細工」が桜の樹皮や芽などの材料から染め方に至るまで、試行錯誤を重ねて生み出したものです。独特の淡いピンク色は、実は花が咲く前の小枝の中に潜んでいて、同じ桜の木でも毎年同じ色には染まらないのだそう。一つ一つの作品で目にする桜色は、まさに一期一会なのです。

Sacs en *washi*

Au Japon, de plus en plus rares sont les maisons avec une pièce de style japonais et, comme les cloisons de type *fusuma* et *shōji* tendent à disparaître, le papier *washi* est un matériau de moins en moins présent dans la vie quotidienne.

La fabrique de *washi* Onao, située dans la préfecture de Yamanashi, une région réputée pour sa production de *washi* depuis l'époque Heian, a développé un papier cinq fois plus résistant aux déchirures que le type habituel. Il ne se déchire pas non plus quand il est mouillé et résiste à la pluie.

La gamme de « Briefcase wide » SIWA (froissure) de la marque Onao a été créée par le designer industriel Naoto Fukasawa, également connu pour sa collaboration avec MUJI. Comme ces sacs sont en papier, ils sont très légers, bien que pouvant contenir une charge de 5 kg, et le matériau vieillit d'une manière caractéristique avec l'usage, tel le cuir.

Le design, simple, imprégné de sensibilité et de sagesse japonaises, se fond dans la vie moderne, tout en véhiculant un sentiment de nostalgie.

和紙バッグ

日本では和室のない住まいが増え、日々の生活からふすまや障子が消えたために、日常とは縁遠いものとなってきている素材が「和紙」です。

平安時代から続く和紙の産地である山梨県の和紙メーカー「大直」が、普通の障子紙より5倍の強度がある、破れにくい新素材の障子紙を開発しました。水にぬれても破れず、雨にも強いのが特徴です。

大直のブランド「ＳＩＷＡ｜紙和」のブリーフケースwideのデザインは、「無印良品」などでのデザインも手がける工業デザイナー・深澤直人氏によるもの。もちろん和紙なのでとても軽く、それでいて5kgの重さにも耐えられ、革製品のように使い込むほど味わいが深まっていきます。

現代の生活に溶け込むシンプルなデザインながら、日本人らしい感性や知恵、どこか懐かしい温かみを感じさせてくれます。

SIWA (Onao) ／ SIWA（大直）

Éventails pliants *Edo Sensu*

L'entreprise Ibasen, qui produit des éventails rigides *uchiwa* et des éventails pliants *sensu*, a été fondée en 1590. À la fin de l'époque d'Edo, elle vendait des *uchiwa* reproduisant des estampes *ukiyoe*, et le nom de son magasin, Ibaya, était connu dans tout Edo comme éditeur d'artistes tels qu'Utagawa Toyokuni, Kuniyoshi et Hiroshige. Ces estampes illustrées historiques d'Ibasen sont exposées aujourd'hui dans des musées japonais, ainsi qu'au British Museum, au Museum of Fine Arts de Boston, au Metropolitan Museum of Art et au musée Van Gogh.

Les *Edo Sensu* ont moins de brins que les *Kyo Sensu*, mais sont plus épais, et présentent un graphisme simple aux motifs audacieux. Ils ont longtemps été très appréciés des danseuses japonaises, des conteurs de *rakugo* et des joueurs de *shōgi*.

En plus d'être utiles pour se rafraîchir en été, les *sensu* sont traditionnellement ornés de motifs de bon augure sur la feuille. Celui de gauche montre six calebasses, *mubyo* en japonais, terme homonymique d'une expression signifiant « avoir l'air en bonne santé ». À droite, on voit un motif d'échiquier désigné sous le nom d'Ichimatsu parce qu'il a été rendu populaire par l'acteur de *kabuki* Sanogawa Ichimatsu, qui portait ce genre de motif sur son costume de scène au XVIIIe siècle. Les *Edo Sensu* conservent aujourd'hui encore quelque chose d'enjoué.

江戸扇子

天正18（1590）年創業の江戸団扇、江戸扇子の老舗「伊場仙」。江戸後期からうちわ浮世絵を扱い、初代歌川豊国、国芳、広重などの版元として「伊場屋」の名は江戸市中に知られていました。当時の「伊場仙版」の絵は、国内の美術館はもちろん、大英博物館、ボストン美術館、メトロポリタン美術館、ヴァンゴッホ美術館など、海外の美術館でも見ることができます。

「江戸扇子」は、京扇子と違い骨が太くて少なく、粋にすっきりとしたデザインや、大胆な絵柄が特徴です。日本舞踊家や噺家、棋士の方々などに愛されてきました。

また、扇子は夏に涼を取る道具ですが、末広がりの形が昔から縁起物とされてきました。左は六つの瓢箪で「六瓢＝ムビョウ＝無病息災」を意味する、縁起の良い柄が描かれています。右は江戸時代に歌舞伎役者の初代佐野川市松が、舞台衣裳として着たことで大流行した「市松模様」と呼ばれる絵柄です。今も遊び心を忘れないのが江戸扇子なのです。

Boîtes d'accessoires laquées

Les objets laqués sont fabriqués grâce à la sève de grands arbres à feuilles caduques, qui est traitée et appliquée par couches sur du bois ou du papier. Il existe historiquement plusieurs styles de laques au Japon, tels que Wajima-nuri dans la préfecture d'Ishikawa, Echizen-nuri dans la préfecture de Fukui, Takaoka-nuri dans la préfecture de Toyama et Aizu-nuri dans la préfecture de Fukushima. Ces boîtes d'accessoires sont des exemples de Yamanaka-nuri (préfecture d'Ishikawa) et ont été ornées de détails soigneusement peints à la main par des artisans de Yamada Heiando, qui fournit la Maison impériale japonaise.

La boîte rouge du haut utilise un cinabre d'une beauté exceptionnelle et une fleur de prunier y est représentée à l'aide d'une laque *makie*, pulvérisée avec de la poudre d'or et d'argent. La boîte noire de jais et ambre profond a été créée grâce à une technique appelée *byakudan-nuri*, dans laquelle la laque est appliquée sur une feuille d'or, si bien qu'avec le temps la couleur devient plus brillante. Ces pièces n'ont pas été créées uniquement pour qu'on les apprécie sur une table, mais aussi pour en faire admirer la grande qualité ; aussi sont-elles souvent offertes à des diplomates et visiteurs étrangers. Leur beauté classique, associée à un design moderne, en fait également de merveilleux cadeaux de mariages ou d'anniversaires, aussi bien que de charmants présents pour les dames.

漆アクセサリーケース

漆器は、落葉高木の漆から採った樹液を加工し、木や紙に重ね塗りして作ります。日本では古くから馴染み深く、石川県の輪島塗、福井県の越前塗、富山県の高岡塗、福島県の会津塗など、有名な産地がいくつもあります。この漆のアクセサリーケースは、宮内庁御用達である「漆器　山田平安堂」の熟練した職人によって、ひとつひとつ手描きで丁寧に仕上げられた、石川県の山中塗の一品です。

上のケースは朱がひときわ美しく、金粉や銀粉を使った「蒔絵」で梅が描かれています。もう一方の漆黒と深みのあるあめ色のケースは、「白壇塗」という技法が用いられており、空気に触れることで徐々に鮮やかな色へ変化していく様子が楽しめます。これらは食卓で使う以外にも漆器の良さを楽しんでほしいという思いから作られ、各国の外交官や海外の方への贈り物として人気です。また、古典美を兼ね備えたモダンなデザインは、結婚や出産などのお祝い、女性へのプレゼントにも喜ばれています。

洋服用かなや
KANAYA BRUSH

Brosses à vêtements et à chapeaux

Kanaya Brush, fondé en 1914, a plus de cent ans d'expérience en tant que magasin spécialisé dans la brosserie. Tous leurs pinceaux et brosses ont été fabriqués par des artisans qui n'ont ménagé ni leur temps ni leurs efforts pour garantir, dans la mesure du possible, que seuls soient utilisés des matériaux bons pour le corps et l'environnement. Les poils d'animaux tels que le sanglier, le cheval, le porc, la chèvre et l'écureuil sont choisis en fonction de l'usage de la brosse. Ils produisent environ trois cents types de brosses et pinceaux, proposant cinq cents articles pour différents usages : ménage, brossage des dents, des cheveux, des chaussures, du cuir, revêtements, cosmétiques, cuisine, etc. Il existe une brosse pour chaque fonction. Celle de droite sur la photographie est une brosse à habits standard, composée exclusivement de soies de porc légèrement rigides. Elle brosse le tissu en douceur et, plus on l'utilise, plus l'extrémité des soies s'assouplit. La luxueuse brosse à chapeau sur la gauche utilise les poils de haute qualité, rares et doux, qui poussent à la base de la queue des chevaux. Elle permet un entretien délicat, de manière à ce que l'on puisse chérir ses chapeaux longtemps.

洋服ブラシ・ハットブラシ

「かなや刷子」は大正３年（1914年）創業で、約100年の歴史がある老舗ブラシ専門店です。どのブラシや刷毛もなるべく天然素材を用いて、体や自然への優しさにこだわり、職人が手間ひまをかけて作っています。また、用途に応じてイノシシ、馬、豚、ヤギ、リスなどの毛を使い分けています。刷毛とブラシの種類は約300種、アイテム数は約500点にものぼり、掃除用、歯ブラシ、ヘアブラシ、靴や皮革のお手入れ用、建築塗装用、化粧用、料理用など、ブラシというブラシは何でもあるという品揃えなのです。写真右の定番の洋服ブラシは少し硬めの豚毛を100％使用しているので、生地にも優しくブラッシングでき、使えば使うほど毛先が馴染んでくるのが特徴です。左のハットブラシは馬の尾っぽの根元に生えている、希少かつソフトで上質な尾脇毛を使用し、贅沢に製作されています。優しくお手入れして、お気に入りの帽子を長く大切にしたいものです。

Écharpes *kuro-zome*

Il était d'usage au Japon de porter un kimono noir orné d'un blason familial blanc pour les mariages, les funérailles et autres cérémonies. Au début de l'époque d'Edo, un serviteur du domaine féodal d'Owari, dans l'ouest de l'actuelle préfecture d'Aichi, commença à fabriquer des articles teints, tels des drapeaux et des bannières, pour le domaine. On pense que ce fut le début du *Nagoya kuromontsuki-zome*, la teinture noire « blasonnée ». Par la suite, on se mit à fabriquer des objets de ce style pour les samouraïs et les gens du peuple, et grâce au travail des artisans, une technique propre à Nagoya fut élaborée. La couleur noire est la plus difficile à créer en teinturerie, comme le montre l'existence de boutiques spécialisées. Traditionnellement, on part d'une base de rouge ou d'indigo, puis on ajuste les ingrédients jusqu'à l'obtention d'un superbe noir brillant, dont seuls sont capables les teinturiers experts. Ces écharpes *kuro-zome* de Nakamura Shoten ont été développées dans le but de faire perdurer cette technique.

S'inspirant de la technique de teinture noire spéciale de Nagoya, appelée *mon-ate-kanaami*, l'écharpe de gauche a été teinte pour créer un motif moderne montrant cinq cercles sur fond noir. Celle de droite a été réalisée selon une technique dite *shibori-zome*, qui donne un effet de brume semblable à celui d'une peinture à l'encre de Chine. Le noir envoûtant allié au côté chaud d'un objet fabriqué à la main produit une merveilleuse impression.

黒染めストール

日本では、婚礼や葬儀などの冠婚葬祭で着る第一礼装は「黒紋付」が一般的でした。江戸時代初期、現在の愛知県西部にあたる尾張の藩士が、藩内の旗や幟などの染織品を作るようになったことが、名古屋「黒紋付染」の始まりといわれています。その後、藩士や庶民の黒紋付を作るようになり、職人の手によって名古屋独自の技法が確立されました。染屋の中に黒染屋が存在することから分かるように、染色の中でも黒はもっとも難しい色といわれています。古来より紅や藍で下染めを行い、熟練の職人にしかできない染料の調整により、艶のある美しい漆黒に仕上げます。この黒紋付染を絶やさないために作られたのが、「中村商店」の黒染めストールです。

写真の左は、名古屋黒紋付染独自の「紋当金網」という技法にヒントを得て染められた、黒地に五つの丸がアクセントになっているモダンなデザインです。右のストールは、「絞り染め」という技法で染められた霧模様が、まるで墨絵のようです。手仕事の温かさと黒の魅力を存分に感じられます。

Boutons *Satsuma*

Parmi les objets artisanaux traditionnels japonais, certains ont été plus admirés encore à l'étranger qu'au Japon même. C'est le cas des boutons *Satsuma*, faits en céramique *Satsuma-yaki* et de seulement 15 mm de diamètre. La céramique de Satsuma a plus de 400 ans d'histoire ; elle fut introduite au Japon lorsque le seigneur féodal Shimazu Yoshihiro, du clan des Satsuma, ramena des potiers coréens durant l'invasion de la péninsule coréenne par Toyotomi Hideyoshi.

On reconnaît ces boutons aux fines craquelures, nommées *kannyu*, qui apparaissent à la surface de la céramique et à leurs motifs riches et colorés exprimant la beauté de la nature. En 1867, le Japon participa pour la première fois à l'Exposition universelle de Paris, suscitant une mode du japonisme dans toute l'Europe. Les Occidentaux appréciaient beaucoup ces élégants boutons, et le nom de *Satsuma* devint célèbre. Comme il était encore d'usage au Japon de porter un kimono, ces boutons furent créés spécifiquement pour l'exportation. Ils ne devinrent pas populaires dans leur pays de fabrication, aussi leur production cessa et ils disparurent du marché. C'était avant que le fabricant de vêtements Makana Lei, basé à Naka-Meguro (à Tōkyō), ne les ressuscite en utilisant la même technique *Satsuma-yaki*. Il produit plus de cent cinquante types de boutons, qui sont recherchés par les collectionneurs du monde entier.

薩摩ボタン

日本の伝統工芸の中には、国内よりも海外で高く評価されているものもあります。その一つに、直径15ミリの小さな「薩摩焼」で作られた「薩摩ボタン」があります。薩摩焼は、豊臣秀吉の朝鮮出兵に同行した薩摩藩主・島津義弘が連れ帰った朝鮮の陶工たちによって始められ、400年以上の歴史があります。

陶器の表面にきめ細かな貫入(かんにゅう)と呼ばれるヒビがあり、花鳥風月などの色彩豊かな文様が施されているのが特徴です。1867年、日本が初めて参加した国際博覧会「パリ万国博覧会」を契機に、ヨーロッパではジャポニスムブームが巻き起こりました。薩摩ボタンの美しさは欧米の人々を魅了し、「SATSUMA」という名称で広がっていきました。当時の日本は和装文化でボタンは海外輸出用だったため、国内には普及せず、薩摩ボタンは次第に生産が途絶え、姿を消していきました。そして、東京都中目黒のアパレルメーカー「マカナレイ」が薩摩焼の製法で薩摩ボタンを復刻しました。その柄は150種類もあり、現在でも海外のコレクターの間で人気なのです。

DESIGN SETTA SANGO®
DESIGN SETTA SANGO®
DESIGN SETTA SANGO®
DESIGN SETTA SANGO®

Sandales *setta* design

La ville de Sango, dans la préfecture de Nara, s'enorgueillit d'être une région où l'on fabrique des sandales depuis plus de 100 ans, entre autres des *zori* et des *setta*. La marque Design Setta Sango fut créée en 2013 grâce à une collaboration entre Wasabiya, qui continue les traditions du fabricant de lanières de *geta* Shibasaki Kichiemon (fondé en 1917) et Café Funchana. Leur intention est de réintroduire l'usage de chaussures à lanières du type *geta* dans la vie quotidienne moderne.

Parcourir de longues distances à pied sur l'asphalte avec des chaussures ordinaires est fatigant ; cependant, ces sandales *setta* utilisent des matériaux originaux souples et résistants, qui les rendent confortables. Les semelles sont en tissu de chanvre employé pour les sacs de grains de café, ou encore en coton qu'en nylon ou autre. Elles créent un coussin, sont très absorbantes et sèchent rapidement, aussi restent-elles confortables même lorsque l'on transpire. Les lanières sont plus épaisses qu'à l'ordinaire, ce qui les rend plus douces pour les pieds, et le tissu est orné de toute une collection de motifs vintage et originaux. Les motifs choisis sont différents chaque année et ne sont donc plus proposés par la suite. Ces sandales existent dans une large gamme de tailles, permettant à tous, jeunes ou vieux, de bénéficier de *setta* fabriquées individuellement par des artisans.

デザイン雪駄

奈良県三郷町は、草履・雪駄など鼻緒の履物の産地として100年以上の歴史を誇ります。この町で「鼻緒のある履物を現代の日常に取り戻したい」との思いから、大正6年（1917年）創業の鼻緒製造業者「芝﨑吉右衛門商店」を受け継ぐブランド「侘寂び屋」と、地元の人気カフェ「CAFÉ FUNCHANA」が、2013年に共同で立ち上げたブランドが「DESIGN SETTA SANGO」です。

通常の履物はアスファルトの道を長距離歩くと疲れますが、この雪駄は弾力性と耐久性にこだわったオリジナル素材を使用しているので、疲れにくいのが魅力です。足の裏が触れる「天」は、コーヒー豆の麻袋に使われる素材や綿・ナイロンなど種々の素材を使用しています。クッション性があり、吸水性・速乾性も抜群で汗をかいても快適です。「鼻緒」は通常より太めに作られていて足への当たりが優しく、使われる生地はビンテージものやオリジナルデザインなど、その年にしか出会えない厳選されたラインナップから選べます。サイズも豊富に取り揃えており、大人から子供まで、職人が一点ずつ手作りした雪駄を楽しむことができます。

Sekka shibori yukata

Les nombreuses techniques de teinture regroupées sous l'appellation d'*Arimatsu shibori* sont nées il y a plus de 400 ans dans l'actuelle ville de Nagoya, dans la préfecture d'Aichi. L'une de ces techniques, nommée *sekka shibori*, avec des fleurs hexagonales qui ressemblent à des flocons de neige, est un type d'*Itajime shibori* et est couramment employée pour les kimonos d'été (*yukata*). Chaque rouleau de tissu est soigneusement plié dans le sens de la longueur, puis en accordéon en forme de triangle de sorte que les extrémités se recouvrent. Le tissu plié est ensuite fixé avec des plaques aux deux bouts et teinté. Ce processus de pliage ne peut pas être refait et influence grandement la formation du dessin. Les couleurs vaporeuses de ce motif qui accroche l'œil rendent magnifiquement l'essence des fleurs écloses.

Un tel tissu est utilisé pour les *sekka shibori yukata* produits par la marque de kimonos Torie, qui offre aux consommateurs différentes voies pour apprécier l'artisanat japonais traditionnel enrichi du goût contemporain. Chaque *yukata* est orné d'un motif véritablement unique traduisant l'habileté et les techniques expertes des différents artisans impliqués dans sa fabrication. Malheureusement, le nombre de ces artisans est en diminution et cette technique de teinture est devenue aussi rare que précieuse.

雪花絞りの浴衣地

400年以上前に現在の愛知県名古屋市で誕生した「有松絞り」には、多種多様の絞り技法があります。六片の花が雪の結晶のように見えることから名付けられた「雪花(せっか)絞り」は、「板締め絞り」という技法の一種で、浴衣に多く用いられます。一反の生地を丁寧に縦に畳み、三角形を作りながら頂点を合わせて蛇腹状に折っていき、両端を板で締めて動かないように固定したまま染色します。生地を折りたたむ工程はやり直しがきかず、文様の出方に大きく影響する大切な作業です。染められてにじんだ色が、花が咲くように美しく現れ、その文様は人々の目を釘付けにします。

日本の伝統工芸を現代の感覚で楽しむ提案をする、新しい和装ブランド「トリエ」の雪花絞りの浴衣地は、どれも染め上がりが同じものはなく、職人の手仕事の技と感性が一点一点に生きてきます。しかし、この雪花を絞れる職人は年々減っており、今日ではとても希少価値の高いものになっています。

Ornements de chevelure *tsumami kanzashi*

Tsumami zaiku est un artisanat traditionnel de l'époque d'Edo qui perdure encore de nos jours. Il utilise une technique de pinçage appelée *tsumami*, dans laquelle de minces carrés de soie tissée *habutae* sont pliés avec une pince à épiler pour former des fleurs et des oiseaux colorés. Fabriqués à l'origine avec des bouts de kimono par les dames de la Cour impériale à Kyōto, ils furent plus tard employés comme *hana kanzashi*, c'est-à-dire comme épingles à cheveux décoratives en forme de fleurs, par les *maiko* (apprenties geishas). Aujourd'hui, ils sont également devenus populaires comme accessoires à porter avec un kimono lors des mariages, des cérémonies d'entrée dans l'âge adulte et des rites de passage *Shichi-go-san* pour les enfants.

La société Kyōto Oharibako, spécialiste du fil, a été fondé à Kyōto il y a soixante-dix ans. Cette firme prête une attention particulière au tissu et aux autres éléments utilisés dans leurs ornements de chevelure *tsumami kanzashi*, par exemple en choisissant du tissu *rinzu* en pure soie produit dans la région de Kyōtango, en employant des techniques de teinture au pinceau et des couleurs personnalisées, ou encore en attachant de splendides glands *yorifusa* en soie aux épingles. Tous les matériaux viennent de Kyōto et l'ensemble du processus de fabrication, depuis la vérification de la teinture jusqu'à la coupe, au pincement et à la finition, est entièrement réalisé à la main par des artisans de cette ville. Les motifs élégants et sophistiqués de tels accessoires, qui accompagnent parfaitement les événements importants de la vie, séduisent les femmes modernes.

つまみかんざし

「つまみ細工」とは、小さく正方形に切られた薄い「羽二重」と呼ばれる布を、ピンセットでつまんで折りたたみ、色彩豊かな草花や鳥などを作る、江戸時代から続く伝統工芸です。京都で宮中の女官が着物の端切れから作ったことに始まり、その後舞妓さんの花かんざしに用いられてきました。現在は舞妓さんだけでなく、結婚式や成人式、七五三の和装のアクセサリーとしても人気です。

京都市にある「京都おはりばこ」は、今から約70年前に糸屋として創業しました。京丹後産の正絹綸子を引き染めで別注色に染めたり、存在感のある正絹撚り房を用いたりするなど、生地等にはこだわりがあります。素材はすべて京都のものを用い、染めの確認から、裁断、摘み、葺きに至るまで、工程もすべて京の職人の手仕事によるものです。人生の節目に身につけるのにふさわしい、上品で華やかなたっぷりとしたデザインのアクセサリーは、現代の女性たちを引き立ててくれます。

L'art textile du *tsumami zaiku*
— la manière de confectionner une fleur de prunier

Le *tsumami zaiku* est un art textile traditionnel né à l'époque d'Edo et le plus souvent associé à des objets artisanaux portés comme ornements de chevelure (*kanzashi*) par les *maiko* (apprenties geishas). De la soie tissée *habutae* et du crêpe de soie *chirimen* sont coupés en petits morceaux, avant d'être pliés en forme de pétales de fleurs à l'aide d'une technique de *tsumami*, c'est-à-dire de pincement. Ces morceaux sont ensuite arrangés ensemble pour créer des fleurs, des oiseaux et autres symboles de la beauté naturelle japonaise.

つまみ細工 —「梅の花」ができるまで

舞妓さんのかんざしでお馴染みの「つまみ細工」は、江戸時代に生まれた手芸の技法です。絹で織られた「羽二重」や「縮緬（ちりめん）」を小さく切り、つまんで折りたたみ、花びらを作ります。それらを組み合わせることで、花鳥風月を意匠として表現するものです。

Comment faire soi-même du *tsumami zaiku* ／ つまみ細工の作り方

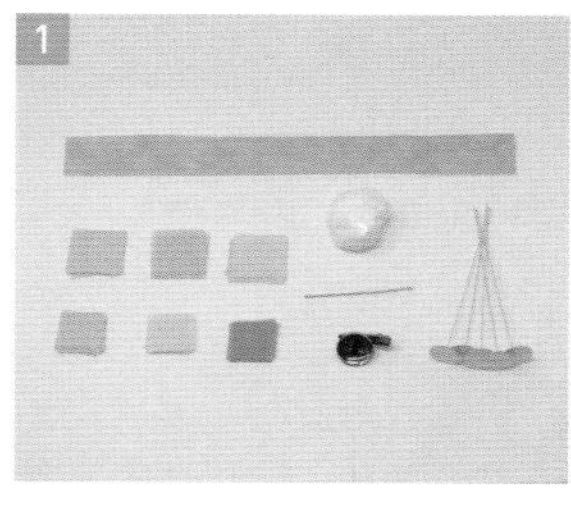
1

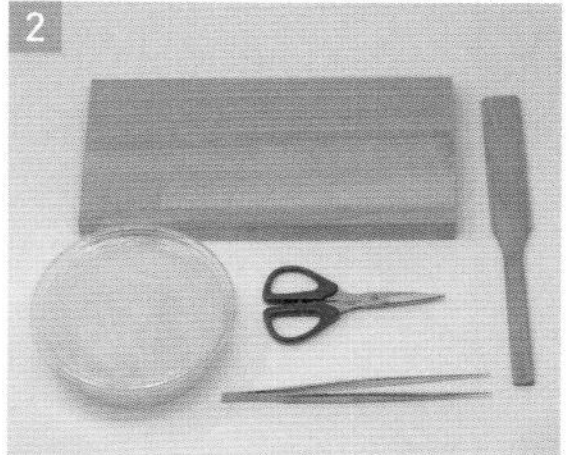
2

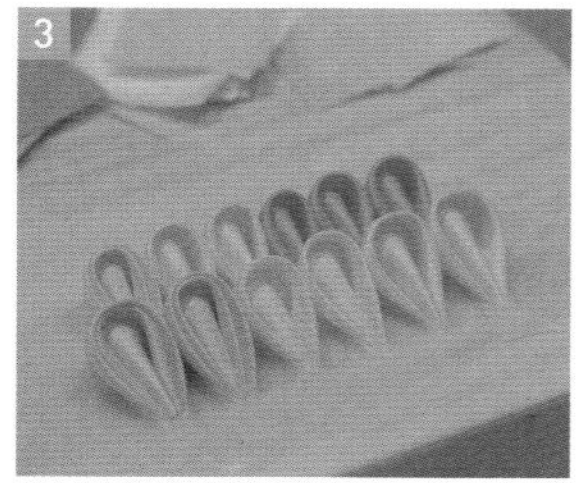
3

1 **Matériaux**
Du tissu, un objet pour le centre de la fleur (ex. : une ganse dorée), une base (barrette ou épingle à cheveux)

2 **Outils**
Planche pour coller, spatule, colle, ciseaux, pince à épiler

3 Les pétales formés par la création de morceaux au bord arrondi, ou *maru-tsumami*, sont alignés sur la planche.

1 使用する材料
生地、花芯（金モールなど）、土台（クリップやかんざし）など

2 使用する主な道具
糊板、ヘラ、糊、クラフト用はさみ、ピンセット

3 糊板に「丸つまみ」で作った花びらを並べます。

4 Chaque pétale est placé un par un sur la base.
5 Ici, la première couche de pétales est complète.
6 La seconde couche est placée par-dessus de sorte que ses pétales alternent avec ceux de la première couche.
7 Il faut faire bien attention à les garder centrés en les fixant.
8 Le dernier pétale est collé et tous les bouts de tissu sont soigneusement arrangés et disposés.
9 La seconde couche de la fleur de prunier est complète.
10 On a utilisé de la soie pure très fine de quatre couleurs différentes.

4 花びらを一枚ずつ土台にのせていきます。
5 一段目が完成しました。
6 一段目の花びらと互い違いになるように、上から二段目をのせていきます。
7 のせる際は中心がずれないように気をつけます。
8 最後の一枚をのせ、丁寧に細かな箇所を整えます。
9 二段の梅の花が完成しました！
10 ここでは４色の生地（正絹で極薄のもの）を使用しました。

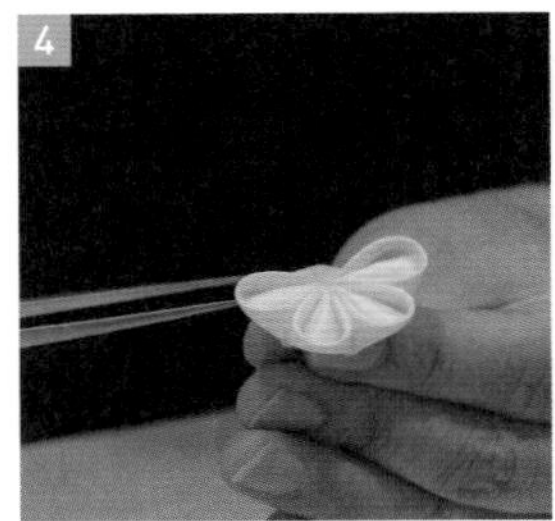

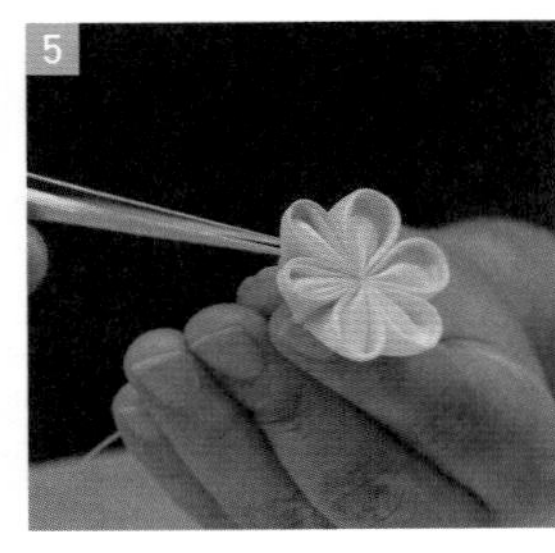

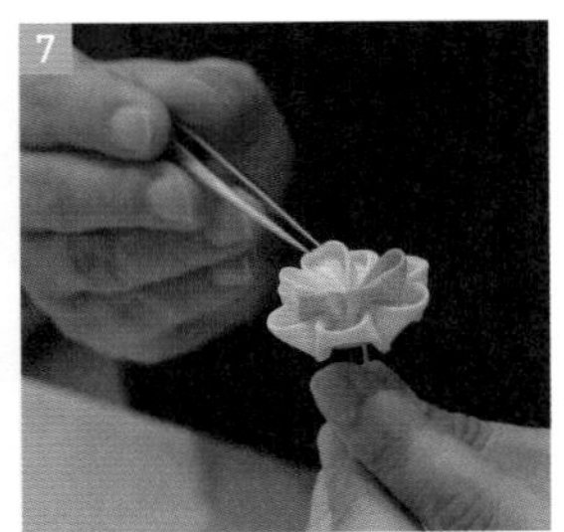

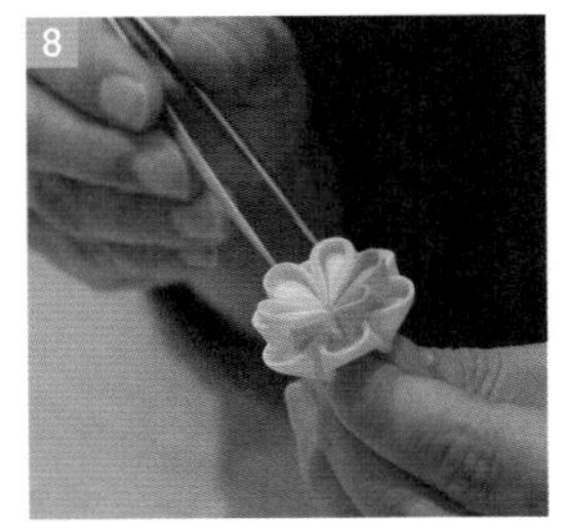

Parapluie en papier huilé « œil de serpent », *janome-gasa*, avec pour motif un petit cercle *naka-iri* (violet et blanc).

Parapluies *Kyo wagasa*

Le Japon a un climat humide, de la neige et une saison des pluies, aussi pendant longtemps le parapluie de style japonais *wagasa* fut-il un objet essentiel du quotidien. Au point culminant, avant l'époque Meiji, plus de dix millions de *wagasa* furent produits à travers le pays. Cependant, à partir de la fin du XIXe siècle, les importations de parapluies de style occidental conduisirent à un rapide déclin des *wagasa* qui, de nos jours, ne sont plus fabriqués à Kyōto que par la seule compagnie Hiyoshiya. Alors que les *wagasa* ne sont plus guère considérés comme des objets essentiels, ils sont plutôt utilisés aujourd'hui comme accessoires pour les cérémonies, les événements traditionnels, les cérémonies du thé, la danse japonaise, le théâtre et autres manifestations publiques.

Un parapluie de style occidental a généralement huit baleines et est fabriqué dans un matériau artificiel tel que le vinyle, le polyester ou l'acier. Un *wagasa*, lui, compte beaucoup plus de baleines, entre trente et soixante-dix, et tous les matériaux utilisés, comme le *washi* huilé, le bambou et le bois, sont naturels.

Il existe plusieurs types de *wagasa*, qui tous diffèrent dans leur style des parapluies occidentaux. Le parapluie de style *ban-gasa*, avec ses baleines larges et robustes, était le plus couramment utilisé. Le *janome-gasa*, ou parapluie « œil de serpent », est ainsi nommé parce que du *washi* est collé dessus en forme d'œil. Ce type de parapluie a de nombreuses baleines et de superbes couleurs.

京和傘

雨や雪が降り、梅雨もある日本では、昔から生活必需品として「和傘」が欠かせませんでした。明治以前の最盛期には、日本全国で年間1000万本以上も生産されていた和傘ですが、明治以降は洋傘の輸入によって急速に衰退し、京都で現在も和傘を製作しているのはこの「日吉屋」1軒のみとなりました。和傘は、昔のように生活必需品として使われることは少なくなり、現在は儀式、伝統行事、茶道、日舞、芝居などの道具や、展示用として使われることの方が多くなっています。

和傘と洋傘の違いとしては、洋傘は通常骨が8本で、ビニールやポリエステル、スチール等の人工素材であるのに対し、和傘の骨は30〜70本と非常に多く、素材も油を塗った和紙や竹、木など自然のものを使用しています。

和傘にはいくつか種類があり、いずれも洋傘とは違った趣があります。骨太でしっかりした作りの「番傘」は、かつて一般庶民が使っていました。蛇の目のように和紙を貼り合わせていく「蛇の目傘」は、骨が細めで数も多く、色彩が美しい和傘です。

Parapluies *amagasa*

Le célèbre fabricant de parapluies de style occidental Maehara Koei Shoten, apparut en 1948, a développé ses parapluies *amagasa* avec l'intention de rendre les jours de pluie plus agréables. Chaque *amagasa* est confectionné manuellement par des artisans qualifiés, basés au Japon, selon des techniques traditionnelles transmises de génération en génération.

La création d'un *amagasa* nécessite le savoir-faire de quatre artisans : celui qui tisse la toile, celui qui assemble les baleines, celui qui fabrique la poignée, et celui qui coupe et coud le tissu. Celui-ci est élaboré sur un métier à tisser traditionnel appelé *hata*, originaire de la préfecture de Yamanashi, une région réputée pour le tissage de la soie *kai*. Puis, on rabote du bois équarri, qu'on soumet ensuite à la chaleur pour donner leur forme aux baleines. À l'aide de techniques variées spécifiques à chaque type de bois, la poignée est recourbée et enduite de teintures naturelles pour lui ajouter du brillant. L'étape finale, consistant à couper et coudre le tissu, demande une grande habileté car un simple écart d'un millimètre peut faire sonner différemment le parapluie quand on l'ouvre, et lui faire perdre la beauté de sa forme. L'*amagasa* achevé possède une élégance raffinée qui est très appréciée, jusque dans la famille impériale.

雨傘

「雨の日を傘によって愉しい時間にしたい」という想いで傘を作っているのは、昭和23年(1948年)創業の洋傘の銘店「前原光榮商店」。前原光榮商店では、日本国内で熟練の傘職人が一本一本手作りしてきた昔ながらの技術を受け継ぎ、製作しています。

「雨傘」は生地を織る、骨を組む、手元を作る、生地を裁断縫製する、という4つの各工程の職人の技が揃うことで出来上がります。生地は、甲斐織物の産地・山梨県の伝統的な機（はた）で丁寧に織られます。次に角材を削り、熱を加えながら骨を仕上げます。手元は使用する木材によって様々な方法で「曲げ」を行い、天然の染料で「塗り」を施してツヤを出します。特に裁断縫製の加工段階では、1mmでも誤差が生じると傘を広げた時の張りや音が違ってくるだけでなく、美しいフォルムの傘に仕上がりません。

出来上がった雨傘は上品で美しく、皇族方をはじめ数多くの人に愛用されています。

登録商標
大極上
十本入
京都

Aiguilles à coudre

Les aiguilles, nécessaires pour la couture, ne doivent ni se briser ni se courber ; en même temps, elles doivent être flexibles. Les aiguilles *Misuya* ont été créées au moyen d'une technique de trempe spéciale afin de répondre à ces exigences contradictoires. Il n'existe plus guère aujourd'hui de marchands d'aiguilles travaillant sous le nom de Misuya, mais Misuya Chubei, établi à Kyōto en 1819, continue cette tradition et ce savoir-faire de nos jours encore.

La région de Kyōto est réputée pour sa production de tissus de haute qualité, tels les brocards de Nishijin ou les étoffes teintes *Yuzen*, et c'est grâce à ces aiguilles que les couturiers ont pu faire ressortir toute leur beauté.

Hari-Kuyo est une fête religieuse pour les aiguilles brisées, courbées ou rouillées qui se tient le 12 août (ou le 8 février selon la région) pour rendre hommage à leur dur labeur. Misuya Chubei conduit cette cérémonie chaque année au sanctuaire Hataeda Hachimangu, connu comme le « sanctuaire de l'aiguille ».

みすや針

針仕事の針は折れたり、曲がったりしてはいけないけれど、縫う時はしなやかな弾性も必要になります。この相反した性質を兼ね備えるために特別な焼入れ法で作られたのが「みすや針」。この「みすや針」の屋号を持つ針屋はとても少なくなってきたそうですが、「みすや忠兵衛」は1819年、京都で江戸時代から現在もその技術と伝統を受け継ぐ針屋です。

京都は土地柄、西陣織や友禅染などの上質な素材の産地で、いわばその素材の良さを引き出すために縫う人たちを支えてきたのが、みすや針とも言えます。

日本では毎年12月8日（地域によっては２月８日）に、折れたり、曲がってしまったり、錆びたりして使えなくなった縫い針の労をねぎらい、裁縫の上達を願う「針供養」という行事があります。みすや忠兵衛では、日本で唯一の針を祭る幡枝八幡宮・針神社で、毎年必ず、この神事をとり行うそうです。

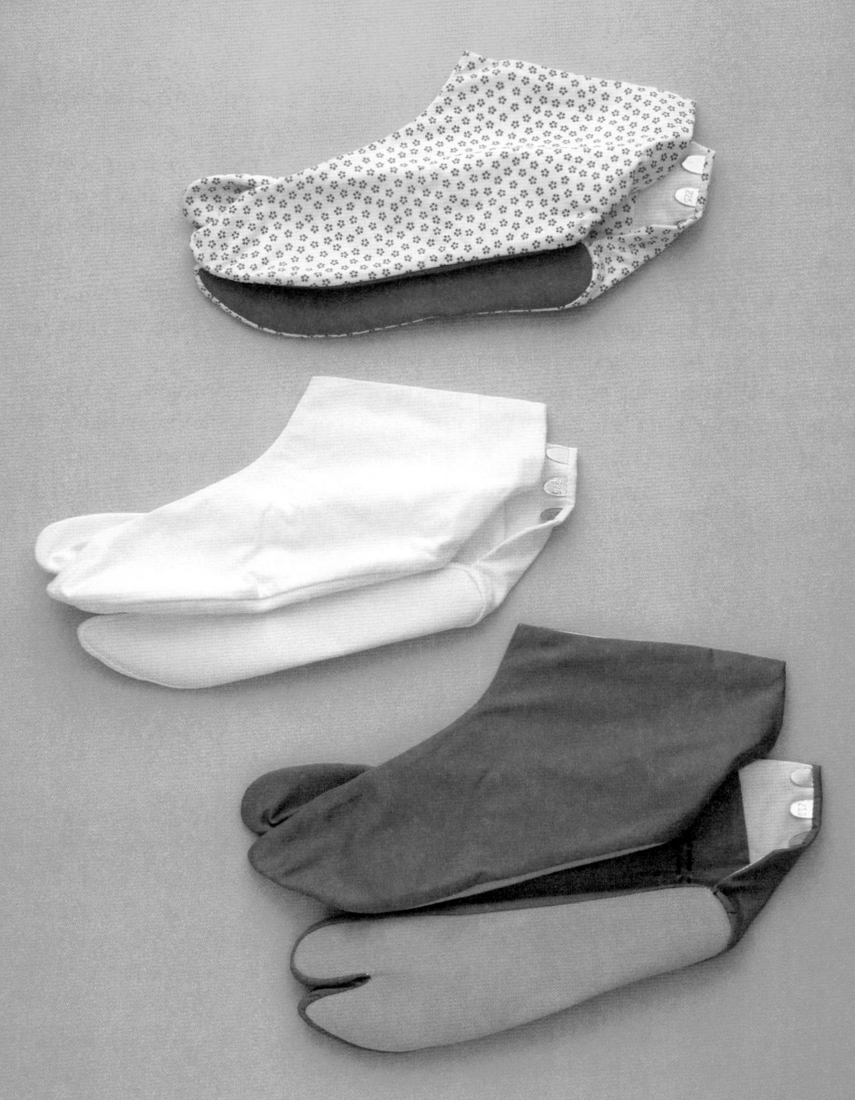

Chaussettes *tabi*

Les chaussettes *tabi*, complément indispensable du kimono, habillent les pieds à la perfection car elles ne font ni rides ni plis. Onoya Sohonten, maison fondée en 1770 et dont le propriétaire actuel est de la septième génération, perpétue la tradition des *tabi*, soutenue non seulement par la population générale, mais aussi par les nombreux acteurs de *kabuki* et de *nō*, danseurs japonais et acteurs des théâtres locaux. Leurs *tabi* sur mesure sont créées à partir d'un patron en papier aux dimensions du pied, qui sert à découper le tissu. Des fermoirs *kohaze* sont ensuite fixés à l'arrière de la cheville et les coutures sont cousues en séquence du revers du *tabi* au cou-de-pied.

Les *tabi* sont depuis longtemps utilisées pour faire paraître les pieds plus petits et plus étroits, rehaussant la beauté de leur forme. Afin de rendre cette forme plus élégante encore, le propriétaire de la cinquième génération a créé les *tabi* de style *Shintomi-gata*, avec un cou-de-pied plus étroit et des doigts de pieds arrondis. Pour ceux qui doivent rester à genoux pendant de longues durées, comme lors de la cérémonie du thé, la cheville de la *tabi* est ajustée de manière à ce qu'ils ne se sentent pas trop serrés. Ces modifications de détail sont possibles parce que la confection est entièrement manuelle. Quand on porte un kimono, le regard est naturellement conduit vers les pieds et ces *tabi* transmettent véritablement l'esthétique japonaise.

足袋

着物に欠かせない「足袋」は、ピタッとシワのないものが足を美しく見せてくれます。1770年創業の「大野屋總本店」は、現在7代目が伝統を受け継ぎ、一般の人はもちろん、近くに複数の劇場があることから、歌舞伎役者、能役者、舞踊家など多くの役者たちに圧倒的な支持を受けています。オーダーメイドの足袋は、足の寸法をとった型紙を作り、型紙通りに布を裁断し、こはぜ（金物の留め具）をつけて端から甲へ向かって順番に縫っていきます。

足袋は昔から、足が細くて小さく見えるものが美しいとされてきました。より美しく見える足袋として5代目が開発した「新富形」は、底を狭くとり、爪先をふっくらと丸く仕上げています。また、茶道などで長く正座をする方には、長く正座をしても窮屈にならないよう足首の部分を調整します。これは、手作りだからこそできる微調整です。着物を着ていると足元はとても目をひき、日本の美学を感じます。

Chapitre 2

La table

Bols à soupe *Kanazawa haku*

Plus de 98 % de la feuille d'or produite au Japon vient de la ville de Kanazawa, dans la préfecture d'Ishikawa. D'après les annales du clan des Kaga, qui autrefois gouvernait la région, la feuille d'or fut pour la première fois mentionnée en 1593, juste avant le début de l'époque d'Edo. Le climat propice de Kanazawa a permis à la production de feuille d'or d'y prospérer.

Bien que la feuille d'or puisse paraître étrangère à la vie quotidienne, on la retrouve partout dans les temples et les sanctuaires tels que le Kinkaku-ji et le Nikkō Tōshō-gū, les statues et les autels bouddhiques, les panneaux *fusuma* décorés, les laques, la céramique, les kimonos, les pigments et même l'alimentation et les cosmétiques. Des techniques expertes, pratiquées encore de nos jours, sont mises en œuvre pour ajouter des traces d'argent et de cuivre à l'or pur, puis pour marteler ce dernier jusqu'à obtenir des feuilles d'un dix millième de 1 à 2 mm (0,1 à 0,2 microns). La première société de Kanazawa à fabriquer des objets ornés à la feuille d'or fut Hakuichi.

Ce bol à soupe, conçu pour être d'utilisation facile, est un laque au lustre discret, orné de petits ronds de feuilles d'or et de platine selon une technique appelée *Momi-chirashi*, consistant à coller les ronds sur le bol pour créer un motif de soleil et de lune. Cette très belle pièce exprime l'essence du *wabi-sabi* avec sa beauté imparfaite.

金沢箔の汁椀

日本国内における金箔生産量の98%以上を占める石川県金沢市。かつてこの地を治めていた加賀藩の文献に製箔が登場したのは、江戸時代直前の文禄2年（1593年）といわれています。気候風土が製箔に適していたこともあり、金沢で発展してきました。

金箔というと、日頃の生活には馴染みが薄いように思われますが、金閣寺や日光東照宮などの神社仏閣をはじめ、仏像、仏壇、襖絵、漆器、陶磁器、着物、顔料、さらにはお料理やコスメにいたるまで、あらゆるところで使われています。純金に微量の銀や銅を加え、わずか1万分の1～2mmの薄さに箔を仕上げる職人技は、今日にも受け継がれています。その金沢で、最初に金沢箔工芸品を作ったのが「箔一」です。

使いやすさを追求した汁椀は、光沢の少ない漆器に、金箔とプラチナ箔を用いた「揉み散らし技法」で日月紋が描かれ、侘び・寂びを感じさせる美しい一品となっています。

Verres Taisho Roman

L'entreprise Hirota Glass, fondée en 1899, fut l'un des pionniers de la verrerie à Tōkyō. La série Taisho Roman montrée sur l'image utilise une technique appelée *aburidashi* pour produire un effet d'opalescence qui caractérise les objets en verre et les lampes de la fin du XIXe siècle au milieu du XXe. Grâce à l'ajout de matériaux uniques au verre et à de rapides changements de température durant le procédé de fabrication, cette technique crée une blancheur laiteuse. Des moules perfectionnés sont également employés pour reproduire de superbes motifs traditionnels tels que l'échiquier *Ichimatsu* ou les crêtes de vagues *seigaiha*. La technique *aburidashi* est presque exclusivement japonaise et, actuellement, Hirota Glass est le seul fabricant à l'utiliser encore. Les artisans chevronnés de l'entreprise continuent à appliquer manuellement ce procédé dans l'espoir de le transmettre à la prochaine génération. La ligne de produits de cette série inclut des verres pour le thé vert glacé, des tasses pour les nouilles *soba*, des mini-verres à bière *hitokuchi*, des verres à saké *shuhai*, des verres à vin, des verres droits et des coupelles à sauce de soja.

大正浪漫グラス

「廣田硝子」は1899年に創業した、東京で最も歴史のある硝子メーカーの一つです。写真の「大正浪漫シリーズ」は、明治大正時代から昭和初期にかけて、食器やランプなどに多く使われた「乳白あぶり出し技法」を使っています。硝子に特殊な原料を入れ、急激な温度変化に触れさせることによって、このどこか懐かしい雰囲気の乳白色が生まれます。また、市松や青海波(せいがいは)などの美しい伝統文様は、精密な金型によって描かれています。この「乳白あぶり出し技法」は、世界ではほとんど例を見ない日本独特の方法で、現在「廣田硝子」だけがそのノウハウを持っています。この日本にしかない製造技術が、熟練した職人の手によって、絶えることなく後世に伝承されることを願ってやみません。このシリーズの製品には、冷茶グラスの他、そば猪口、一口ビールグラス、酒盃、ワイングラス、タンブラー、しょうゆ差しなどがあります。

Boîtes à déjeuner *hinoki asunaro*

Le fabricant de laques réputé Wajima Kirimoto, basé à Wajima, dans la préfecture d'Ishikawa, produit des *asunaro bento bako*, des boîtes à déjeuner en bois lisse au design distinctif. Wajima Kirimoto a commencé par produire et vendre des laques du milieu du XIXe siècle au début du XXe siècle. À partir de la fin des années 1920, il s'est lancé dans le travail du bois et développe maintenant des produits en bois et en laque.

La boîte à déjeuner *bentō* de l'image est en bois de *hinoki asunaro* (Thujopsis dolabrata), séché et mis de côté pendant plusieurs années avant d'être utilisé pour la fabrication d'objets en laque. Ces boîtes sont remarquables car la couleur du bois gagne en intensité avec l'usage. Le *hinoki asunaro* contient de l'hinokitiol, un composant qui diffuse une agréable odeur de cèdre comme dans la nature, résiste à l'eau et possède des propriétés antibactériennes et répulsives anti-insectes. Les coins de la boîte ont été habilement chanfreinés et assemblés en onglet avec des tenons en magnolia du Japon, pour ajouter une touche stylée. Le couvercle et sa boîte se correspondent parfaitement, témoignant du travail expert des artisans. Leur design élégant signifie que l'usage de ces boîtes ne se limite pas à celui de paniers-repas, mais qu'on peut également s'en servir comme plats, donnant des airs de banquet luxueux à n'importe quelle table.

ヒノキアスナロのお弁当箱

漆器で有名な石川県輪島市の「輪島キリモト」が作る、なめらかな天然木と清々しいデザインのお弁当箱「あすなろのBENTO-BAKO」。「輪島キリモト」は、江戸時代後期から大正にかけては輪島漆器製造販売を営み、昭和の初めに木地屋へ転業し、現在は「木と漆」の製品を企画・デザイン・製造販売しています。

写真のお弁当箱の素材は、漆器のために長年落ち着かせた、良質なヒノキアスナロ天然木です。使用するうちに色濃くなっていくので、その変化も楽しめます。ヒノキアスナロに含まれるヒノキチオールは、自然を感じる香りを放つと共に、耐水性、防虫防腐、殺菌作用に優れています。角は丁寧に面取りされ、「つなぎ」に使われている朴(ほお)の木がデザインのアクセントにもなっています。蓋と本体がほどよくしっかりと重なるのは、一点ずつ丁寧に木地職人が手作りしているからこそ。お弁当箱として使うのはもちろん、器としてお料理を盛り付けると、まるでお重や懐石を並べたような特別な食卓になります。

Théières de couleur *nambu tekki*

La ferronnerie *nambu tekki* de Morioka, dans la préfecture d'Iwate, est un artisanat traditionnel riche de 400 ans d'histoire. La simplicité et la solidité de l'acier donnent aux produits une qualité *wabi-sabi*, exprimant la beauté même dans l'imperfection. Les théières *nambu tekki* ont fait leur apparition dans les boutiques de thé il y a environ vingt ans. Magnifiques et modernes, elles sont produites par le magasin spécialisé Enchanté Japon et sont vendues dans l'Archipel depuis 2002. Outre la beauté de leur surface en relief qui ressort de plus en plus avec l'usage, ainsi que leur durabilité et leur capacité à retenir la chaleur, elles ont un grain unique créé par les mains expertes d'artisans mettant en œuvre jusqu'à trente procédés différents et faisant de la couleur un usage créatif. La série Kiku, avec ses lignes nettes, verticales, est particulièrement populaire en France. Ces théières rendent délicieux le goût de tout type de thé, à commencer par le thé vert.

南部鉄器カラーポット

「南部鉄器」と言えば、約400年の歴史を誇る、岩手県盛岡市の伝統工芸品です。鉄の重厚感と素朴さをあわせ持ち、わび・さびの情緒を感じさせるものが一般的です。20年ほど前からは、南部鉄器のティーポットが紅茶専門店で販売されるようになりました。美しい彩色のモダンな「南部鉄器カラーポット」をプロデュースしているのは、2002年よりフランス紅茶を日本に紹介してきた専門店「アンシャンテ・ジャポン」です。使うほどに味わいが出る鋳肌の美しさ、保温性、耐久性に加え、約30工程にまで及ぶ彩色による独特の風合いが、熟練した職人の手によって生み出されます。特にフランスでも人気が高いのは、すっきりと縦に入ったラインが美しい「KIKUシリーズ」です。日本茶だけでなく、どんなお茶も美味しくいただけます。

Comment préparer un délicieux thé vert

Les points principaux à prendre en compte pour faire un bon thé vert sont l'eau, la température et le temps d'infusion.

Une eau douce est préférable pour la confection du *sencha* ; cependant, si vous utilisez l'eau du robinet, il est recommandé de la faire bouillir pour éliminer l'odeur de chlore.

La température de l'eau chaude est importante car elle accentue le goût du thé vert. Si l'eau est trop chaude, le thé peut devenir amer, aussi est-il bien de se rappeler la température idéale pour chaque type de thé vert.

Sencha : 80-90 °C
Gyokuro : 50-60 °C

Guide pour rafraîchir l'eau chaude

Eau qui vient juste de bouillir = 100 °C

Eau chaude versée dans une tasse = 85-90 °C

Eau chaude laissée à refroidir pendant 2 ou 3 minutes de plus = 75 °C

おいしいお茶の淹れ方

お茶をおいしく淹れるために気をつけたいのは、水、温度、蒸らす時間。

煎茶には軟水が向いていますが、水道水を使う場合は塩素によるカルキ臭を抜くために、一度沸騰させると良いでしょう。

お湯の温度は、お茶のおいしさを引き出すための大切なポイントです。お湯の温度が高すぎると、お茶の渋み成分が出すぎてしまいます。お茶の種類によって、お湯を適温に冷ます目安を覚えておきましょう。

煎茶の適温…80～90度
玉露の適温…50～60度

《お湯の冷まし方の目安》

沸騰したてのお湯＝100度

湯呑み茶碗に注がれたお湯＝約85 ～ 90度

さらに2 ～ 3分冷ましたお湯＝約75度

＊器提供：Miyako Ishikawa

1 Amener l'eau bouillante à la température appropriée.
  - *Sencha* : Verser l'eau bouillante dans une tasse, en la remplissant à environ 80 %. Verser l'eau chaude dans une tasse la refroidit d'environ 10 °C, l'amenant à la bonne température.
  - *Gyokuro* : Verser l'eau bouillante dans une tasse, en la remplissant à environ 80 %. Puis verser l'eau dans la théière *kyusu*, avant de la reverser dans une autre tasse pour la refroidir jusque vers 60 °C.

2 Placez les feuilles de thé dans la *kyusu*.
  - *Sencha* : 4-5 g (2 cuillères à café)
  - *Gyokuro* : 6-7 g (3-4 cuillères à café)

3 Versez l'eau chaude de la tasse dans la *kyusu*, et attendez que le thé infuse et exprime sa saveur.
  - *Sencha* : 20-30 secondes
  - *Gyokuro* : 2-2,5 minutes

4 Versez-la de manière égale et petit à petit dans la tasse.

5 Videz la *kyusu* jusqu'à la dernière goutte.

1 沸騰したお湯を適温になるまで冷まします。煎茶：沸騰したお湯を湯呑みの８分目くらいまで入れます。湯呑みに入れると10度ほど下がり、ちょうど良い温度になります。玉露：沸騰したお湯を湯呑みの８分目くらいまで入れます。次に急須に移し、さらに別の湯呑みに移し替えて60度まで冷まします。
2 急須に茶葉を入れます。煎茶：4～5g（ティースプーン２杯）玉露：6～7g（ティースプーン3、4杯）
3 湯呑みのお湯を急須に注ぎ、お茶の旨みが出るのを待ちます。煎茶：20～30秒　玉露：2分～2分30秒
4 湯呑みに少しずつ均等に注ぎ分けます。
5 最後の一滴まで淹れます。

Boîtes à thé *kabazaiku*

Kabazaiku, soit la confection d'objets en écorce de cerisier, utilise l'écorce du cerisier de montagne *yamazakura*, qui continue à pousser après avoir été pelé. La ville de Kakunodate, qui s'est développée comme cité fortifiée d'une branche secondaire du clan Akita, est renommée pour ses cerisiers en fleur, avec ses deux kilomètres d'arbres de la variété *yoshino* alignés sur les berges de la rivière Hinokinai, auxquels s'ajoutent environ 400 cerisiers pleureurs répartis dans les nombreuses demeures de samouraïs toujours existantes.

L'entreprise de kabazaiku Fujiki Denshiro Shoten, fondée en 1851 dans cette ville, maintient la tradition vivante, avec sa marque Kakunodate Denshiro. Dans la série de boîtes à thé *Wazutsu*, les cylindres intérieurs sont recouverts par des cylindres extérieurs en bois d'érable, de cerisier et de noyer, créés à l'aide d'une technique appelée *katamono*, dans laquelle on se sert d'un moule en bois rond pour assembler les couches de bois et d'écorce. La boîte à quatre étages (à gauche sur l'image) utilise, de haut en bas, du cerisier, de l'écorce de cerisier, de l'érable et du noyer. Celle à trois étages (à droite) est faite d'érable, de cerisier et d'écorce de cerisier. Tous les cylindres intérieurs sont en écorce de cerisier, et ce design moderne met parfaitement en valeur la beauté du bois. Ces objets au grain naturel deviennent plus brillants avec l'usage, aussi le meilleur moyen d'en prendre soin est-il de les intégrer à votre vie quotidienne.

樺細工の茶筒

秋田県・角館の「樺細工」は、剥がしても再生する山桜の樹皮で作られています。秋田支藩の城下町として栄えた角館は、川岸に染井吉野が2kmにわたって立ち並ぶ桧木内川が流れ、また数多く現存する武家屋敷には400本余りの枝垂れ桜が咲き誇る、桜の情景が美しい街です。

この街で1851年の創業以来「樺細工」を作り続けているのが、藤木伝四郎商店のブランド「角館伝四郎」です。「輪筒シリーズ」は輪切りにした外側の筒を組み替え、内側の筒にかぶせた茶筒で、樺細工の「型もの」技法で、くるみ、さくら、かえでの樹を組み合わせています。4段の茶筒（左）の素材は、上からさくら、桜皮、かえで、くるみ。3段（右）の素材は、上からかえで、さくら、桜皮。内筒はいずれも桜皮で作られており、木肌の美しさを引き立てたモダンなデザインです。ナチュラルな肌ざわりの茶筒は、日々手にするうちに光沢が増していくので、大切に育てるような気持ちで日常的に使いたい一品です。

Objets en bois *Odate magewappa*

Les objets en bois *Odate magewappa* sont une production artisanale traditionnelle d'Ōdate, dans la préfecture d'Akita, qui utilise du bois de cèdres d'Akita sauvages âgés de plus de deux cents ans. Au moyen de techniques traditionnelles, le bois coupé en fines lamelles dans le sens du fil est plongé dans l'eau bouillante pour l'attendrir, puis courbé pour lui donner une forme cylindrique, et maintenu en place avec de l'écorce de cerisier de montagne. Le cèdre d'Akita a des cercles de croissance annuelle étroits, un grain fin et brillant, des fibres régulièrement espacées, et est lisse et doux au toucher. Il est également étonnamment léger, tout en gardant à la fois son élasticité et sa résistance. On dit que les arbres respirent, et l'une des grandes qualités des *magewappa* est qu'ils limitent le développement de moisissures dans le riz et autres aliments. Au contraire des boîtes à déjeuner en plastique, où de la condensation se forme sur le couvercle, ces boîtes restent sèches et donnent aux aliments un subtil arôme boisé. Le simple fait de placer votre déjeuner quotidien dans l'une de ces boîtes le transformera en repas appétissant et goûteux. Outre les boîtes à déjeuner, les *magewappa* incluent des tasses à thé, des coupes à saké et des récipients à nourriture.

大館曲げわっぱ

江戸時代から続く秋田県大館市の伝統工芸「大館曲げわっぱ」は、樹齢200年を超える貴重な天然秋田杉が使われています。薄く挽いた柾目材を煮沸し、柔らかくして曲げ輪を作り、山桜の皮で縫い止めるという、伝統的な技術で作られています。秋田杉は年輪の幅が狭く、均一な木目の明るい優美な木肌をしており、手触りも優しくなめらかです。また、優れた弾力性と強度を兼ね備えながら、その軽さには驚かされます。よく木は呼吸をすると言われますが、ご飯の湿気を調節してくれるのが、「曲げわっぱ」最大の魅力です。プラスチック製のお弁当箱のように蓋に水滴がついてベタつくこともなく、ほのかに木の香りも感じられます。普通のご飯やおかずをこの曲げわっぱに入れるだけで、食欲をそそられる美味しそうなお弁当が出来上がります。お弁当箱の他にも、曲げわっぱで作られた茶器、酒器、食器などもあります。

Verres *Usuhari*

Ces verres *Usuhari*, produits par Shotoku Glass dans l'arrondissement de Sumida, à Tōkyō, ont des parois d'une incomparable finesse, un millimètre ou moins. L'entreprise, fondée en 1922 en tant que fabricant d'ampoules pour les lampes, s'est plus tard développée en produisant des verres à bière, à vin et autres boissons. Les verres de la série *Usuhari* ont été créés grâce aux techniques acquises par les verriers dans la fabrication artisanale de verre fin pour les ampoules. Chaque verre est soufflé à la main avec savoir-faire, et l'on dit que le fond du verre en particulier, très mince, ne peut être produit que par les seuls artisans de Shotoku Glass. C'est leur expertise qui a conduit à cette gamme qui rehausse le goût de la boisson contenue dans les verres. La forme délicatement belle et exceptionnellement fine laisse également transparaître sa vraie couleur et son expression. Quand vous levez un tel verre, plutôt que sa température propre, c'est la fraîcheur de la boisson que vous percevez. Ajoutez-y de la glace et sentez la douce vibration qu'elle provoque en tintant contre la paroi du verre. Mais le plus mémorable est l'impression de légèreté et la grande qualité gustative que procure ce verre quand vous le portez à vos lèvres.

うすはりグラス

東京・墨田区の「松徳硝子」が製造する「うすはりグラス」は、他に類を見ない極限の薄さ1mm以下のグラスです。松徳硝子は、1922年に電球用ガラスの工場として創業し、その後、ビールグラスやワイングラスなどのガラス器を中心に作るようになりました。電球製造で培われた、職人の手で薄く吹き上げる精密な技術をグラスに活かし、この「うすはりグラス」は生まれました。特に底の薄さは、松徳硝子の職人にしか吹けないと言われ、一つ一つ丁寧に吹き上げる品は、グラスで味が変わると言わしめたロングセラーです。極薄な形状は繊細で美しく、飲み物が本来持つ色合いや表情をそのまま映し出してくれます。またグラスを手にした時、グラスそのものの温度を感じさせることなく、冷たさがストレートに伝わります。氷を入れると、氷がグラスに当たる軽やかな音も心地よく感じられます。何より、唇がグラスの縁に触れたときの軽やかさ、口当たりの良さには感動します。

Couteaux à dessert *Kashikiri* en argent

Alors qu'en Occident les gens sont plutôt séduits par l'aspect étincelant des objets en argent, il y a chez les Japonais un goût pour le brillant atténué de l'argent *ibushi* patiné par l'âge. L'observation de la beauté dans le passage du temps est un sentiment éprouvé par de nombreux Japonais.

La maison Seikado, fondée en 1838, utilise l'étain, l'argent et le cuivre pour fabriquer divers types de produits en métal tels que des décorations pour les sanctuaires et les temples, des objets pour la Cour impériale et des boîtes, soucoupes et autres ustensiles pour les maisons de thé *senchadō*. C'est aussi le plus ancien atelier de travail de l'étain existant au Japon.

Les couteaux à dessert *kashikiri* en argent, fabriqués artisanalement, contiennent 92,5 % d'argent combiné à 7,5 % de cuivre pour garantir leur solidité. Ils sont embellis de motifs floraux et botaniques représentant chaque mois de l'année (par exemple des narcisses pour janvier, des fleurs de prunier pour février, de cerisier pour mars, des belles-de-jour pour juillet et des tournesols pour août), et ces ornements, de pair avec l'élégant travail de dorure, expriment la subtile affinité des Japonais avec la nature et les saisons. Les détails complexes ciselés par les artisans possèdent un charme immédiat.

銀の菓子切

欧米人はピカピカに磨き上げた銀製品に美しさを感じ、日本人は年月を経て使い込む中で醸し出される「いぶし銀」に美しさを感じると言います。時の移ろいゆく姿に美しさを見出すというのは、日本人独特の感性かもしれません。

「清課堂」は江戸後期の天保9年（1838年）に創業し、神社仏閣の装飾品、宮中御用品、茶入や茶托といった各煎茶道家元の御用品など、主に錫器や銀、銅器などの金工品を手がけてきました。日本国内で現存する最も古い錫工房でもあります。

職人が作る「銀製の菓子切」は、92.5%の銀に7.5%未満の銅を加えることで、強度を増して丈夫に作られています。1月は水仙、2月は梅、3月は桜……7月は朝顔、8月は向日葵など、1年12カ月の草花をモチーフに描いたもので、繊細な装飾細工や上品な金彩が美しく、季節と自然に寄り添う日本人の繊細さを感じさせます。職人の手で丁寧に彫り込まれた草花の表情に、つい見惚れてしまいます。

Papier *kaishi*

Les papiers *kaishi* sont le plus souvent utilisés pendant la cérémonie du thé comme assiette ou serviette pour recevoir des friandises, s'essuyer les doigts après avoir essuyé le rebord du bol et envelopper les friandises restantes. Aussi pourrait-on penser qu'ils ne sont d'aucune utilité pour ceux qui ne s'intéressent pas à la cérémonie du thé. En outre, dans les temps anciens où la coutume était de porter le kimono, on y trouvait toujours ce genre de papier glissé dans une poche ; ce que personne aujourd'hui ne fait plus. À l'époque, les *kaishi* avaient de nombreux usages : mouchoir, Kleenex, chiffon, support de notes et assiette, les rendant essentiels à la vie de tous les jours. Le magasin spécialisé Tsujitoku, à Kyōto, suggère différentes façons de les utiliser, que ce soit pour la cérémonie du thé ou dans la vie quotidienne. Pliez-les pour en faire une enveloppe ou un manchon à baguettes, écrivez dessus une courte missive ou des notes, partagez des sucreries, enveloppez des pièces, attachez-les à un objet que vous rendez à un ami en signe de gratitude – autant d'usages pour votre plaisir !

懐紙

「懐紙」といえば、茶道においては皿代わりとして菓子を受け取ったり、茶碗の飲み口を拭った指を清めたり、残した菓子を包んだりと、様々な用途でお馴染みのアイテムですが、茶道を嗜むことのない人にはあまり縁がないと思われているようです。また、誰もが着物で生活をしていた頃には、懐に必ず懐紙を入れていたと言っても、現代の人にはピンと来ないかもしれません。当時の「懐にしまって携帯する紙」は、現代でいうハンカチ、ティッシュペーパー、ふきん、メモ帳、お皿など、生活に欠かせないものでした。京都の懐紙専門店「辻徳」は、茶道用はもちろん、日常における懐紙の使い方を提案しています。ぽち袋や箸袋を折ったり、一筆箋やメモ用紙として使ったり、お菓子を取り分けたり、小銭を包んだり、御礼の気持ちを伝えるためにお返しの品に添えてみたり、いろいろな使い方をしてみましょう。

Comment utiliser les papiers *kaishi*

Les papiers *kaishi* sont surtout connus comme accessoires pour la cérémonie du thé ; cependant, ils ont également beaucoup d'autres usages.

Pendant les repas

- Comme étuis ou repose-baguettes.
- Pour essuyer vos lèvres ou la pointe des baguettes, ou enlever du rouge à lèvres du bord d'un verre.
- Pour mettre de côté les arêtes de poisson.
- Pour cacher les restes et les pépins de fruits.

En société

- En guise de mouchoirs ou de Kleenex.
- Pour noter quelque chose ou envoyer un court message.
- Pour donner de l'argent à quelqu'un en remerciement d'un service.

Lorsque vous recevez

- Comme sets pour les fritures ou les sucreries.
- Pliés, en guise de dessous de verre.
- Comme emballages pour un souvenir ou pour couvrir des restes de friandises.

懐紙の使い方

お茶席で使うものと思われがちな懐紙ですが、他にもたくさんの使い方があります。

食事のときに

・箸袋や箸置きにする
・口元や箸先、グラスについた口紅などを拭く
・魚の骨を外す時におさえる
・食べ残した料理や果物の種などを隠す

外出するときに

・ティッシュやハンカチの代わりとして使う
・メモ用紙や一筆箋として使う
・心付けを渡すときにお札を包む

もてなすときに

・揚げ物やお菓子の敷き紙として使う
・折りたたんでコースターの代わりにする
・お土産や残ったお菓子をラッピングする

Quand ils sont utilisés comme sets pour servir des friandises japonaises, dans les occasions favorables, le coin gauche est plié vers le haut (à gauche sur la photographie) et, en cas de deuil, le coin droit est plié vers le haut (à droite de l'image).

和菓子などの敷き紙として出す際、慶事の時は左角を上に（写真左）、弔事の時は右角を上に（写真右）して折ります。

Comme assiette ou dessous de verre
お皿やコースターの代わりとして

Une enveloppe pour une gratification
心付けを渡すぽち袋として

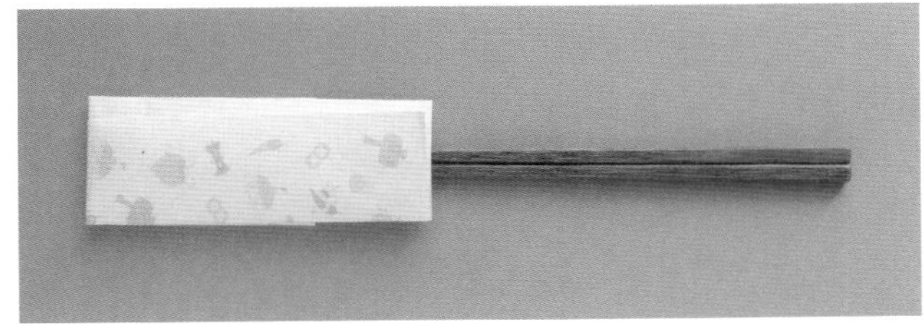

Un étui à baguettes
箸袋として

Tasses *Hasami-yaki soba choko*

Les céramiques de Kyūshū sont de haute qualité et ont une image de marque impressionnante, qui fait qu'on les expose souvent comme des objets d'art. Arita-yaki et Imari-yaki sont des styles de poterie bien connus de cette région. Hasami-yaki est un autre style réputé, notamment pour ses lignes simples et classiques, produit dans la ville de Hasami, dans la préfecture de Nagasaki. La céramique Hasami-yaki est fabriquée en série depuis la fin de l'époque d'Edo, et la quantité de porcelaines « bleu-blanc » ainsi créée serait la plus importante du Japon. Ce style, très apprécié depuis plus de quatre siècles, est constamment amélioré pour être en phase avec son temps, aussi s'intègre-t-il facilement à la vie moderne pour convenir à n'importe quelle table.

Les tasses *soba choko* pour les nouilles *soba* de la marque Barbar montrées sur l'image sont produites par des artisans qualifiés utilisant des techniques traditionnelles. De nouvelles couleurs et de nouveaux motifs répondant au goût du jour, ainsi que des motifs de bon augure tels que les masques comiques d'homme et de femme Hyottoko et Okame, sont utilisés. Outre leur usage culinaire comme tasses pour le thé, le saké ou les desserts, ou comme petits bols, elles sont également très utiles dans un intérieur pour mettre en valeur des plantes ou encore ranger des accessoires.

波佐見焼のそばちょこ

九州の陶磁器は重厚で高級感があり、時に美術品のように扱われる、有田焼や伊万里焼が有名です。その中で、シンプルな飽きのこないデザインを特徴とするのが、長崎県波佐見町で作られる「波佐見焼（はさみやき）」です。波佐見焼は、江戸時代後期から大衆向けに大量生産され、染付の食器生産量が日本一だったこともあります。400年以上も庶民に広く愛されてきた波佐見焼は、時代に合わせて改良され、今日でも日常生活の中で使いやすく、食卓にスッと馴染むことを大切に作られています。

写真の「BARBAR（馬場商店）」のそばちょこは、長く培われてきた職人たちの技術で丁寧に作り上げられています。また、現代の生活に馴染みやすいカラーやデザイン、おかめ・ひょっとこのような縁起の良い文様を使っています。湯のみ、酒器、小鉢、デザートカップなど食器類としてだけでなく、植木鉢、小物入れなどインテリアとしてお部屋のアクセントに使うにも最適です。

BARBAR (Maruhiro inc.) ／ BARBAR（マルヒロ）

Marubon zaru et *zaru* en bambou noir

Les passoires utilisées dans les cuisines aujourd'hui sont le plus souvent en plastique ou en métal ; cependant, les passoires traditionnelles en bambou *zaru* suscitent à nouveau l'intérêt pour leur design stylé et leur plus grande fonctionnalité. Takumi Manufacturing produit des *marubon zaru* qui peuvent servir à divers usages et des *zaru* en bambou noir qui ont un lustre magnifique. De simples nouilles *soba* ou des *udon* froides servies sur cet élégant tissage composent un merveilleux tableau. Le bambou résiste à la chaleur, ne laisse pas se former un film d'eau facilement et absorbe l'excès d'humidité des pâtes tandis que vous les dégustez. Parce qu'elles sèchent rapidement et sont solides, ces *zaru* sont également pratiques pour faire sécher des légumes, égoutter quelque chose de chaud et cuisiner.

Le bambou noir est un type de bambou de Henon, et doit son nom à la couleur de ses fines cannes fibreuses. Takumi Manufacturing est la seule entreprise japonaise à fabriquer des *zaru* en bambou noir. Dans son atelier de la province de Fujian, en Chine, des artisans spécialisés de longue expérience consacrent environ une demi-journée à la confection de chaque *zaru*. Le bambou est un matériau naturel, léger et facile à nettoyer, aussi ces ustensiles trouvent-ils de nombreux usages différents dans la vie de tous les jours.

丸盆ざると黒竹工芸ざる

現代の台所で使う「ざる」といえば、プラスチックや金属製のものが増えていますが、昔懐かしい日本の「竹ざる」もそのデザイン性や機能性の高さに再び注目が集まっています。「タクミ製作所」が作る、使い勝手の良い「丸盆ざる」と美しいツヤの「黒竹工芸ざる」。そばや冷やしうどんを盛り付けるだけで、美しい編み目が食材を引き立ててくれます。熱に強い竹は、水の膜ができにくいため水切れが良く、麺類を食べている間も竹が余分な水気を吸ってくれます。また､乾きやすく丈夫なので、野菜を干したり、湯切りをしたりと、食べ物を扱うのに適しています。

黒竹(クロチク)は淡竹(ハチク)の一種で、繊維が細く棹が黒いことから、その名が付けられました。この黒竹でざるを作っているのは、日本国内で「タクミ製作所」のみ。中国･福建省にある自社工房で、熟練した技と長年の経験を持つ職人たちが、1枚ごとに半日をかけて丁寧に編んでいます。竹は自然素材で、軽くて手入れも簡単。さまざまな使い道が考えられる普段使いの道具です。

桐

Boîtes à riz en paulownia

Dès les temps anciens, le bois de paulownia a été volontiers utilisé dans un pays aussi humide que le Japon. Il était traditionnel de recevoir une commode en paulownia pour ranger les kimonos comme cadeau de mariage. Cependant, de moins en moins de gens s'habillent en kimono et les modifications du style de vie risquent de faire tomber dans l'oubli la culture liée à ce bois. En réponse à cette situation, l'entreprise Ishimoku, basée à Kamo, dans la préfecture de Niigata, s'efforce de réintroduire le paulownia dans la vie japonaise moderne en développant de nouvelles formes et de nouveaux motifs.

Les produits en paulownia d'Ishimoku sont créés par des artisans qui bénéficient d'une riche expérience des caractéristiques de ce matériau et emploient des techniques prenant en considération les subtils changements de l'humidité et de la température. Ils sont également capables de faire des ajustements de la finesse d'une carte postale. Le paulownia est un excellent isolant, aussi sa principale qualité est-elle que les contenus des boîtes ne sont pas facilement affectés par les changements atmosphériques. Ces récipients à riz empêchent la formation de condensation, repoussent les insectes et ralentissent l'oxydation du riz, permettant de garder les aliments frais plus longtemps. Le goût du riz dépend de la manière dont il est conservé, aussi avec ces boîtes en paulownia pouvez-vous déguster un riz délicieux à tout moment.

桐の米びつ

古来、多湿な気候である日本の生活において、「桐」は素材として馴染み深く、かつて桐たんすは婚礼家具の定番でした。しかし、現在は着物を着る人も減り、ライフスタイルの変化によって桐を生かした文化も忘れられつつあります。その中で「桐」を今一度、現代の日本人の暮らしに根付かせようと、桐の新しいカタチやデザインを創造しているのが、新潟県加茂市にある「イシモク」です。

イシモクの桐製品には、はがき一枚の隙間を微調整する技術や、微妙な湿度・気温の変化を考えて作る技術など、桐の特徴を知り尽くした職人の技が一点ごとに生かされています。桐は断熱性が高く、外気の気温や湿度などに影響されにくいのが一番の特徴です。桐の米びつを使うと結露が起こらず、虫の侵入を防ぐと共にお米の酸化を抑制する効果もあるので、中に入れたお米が劣化しにくいのです。お米の味は保存状態に左右されます。桐の米びつで、美味しいご飯をいただきたいものです。

Tables-boîtes individuelles en bois *Hakozen*

Dans les maisonnées japonaises, de l'époque d'Edo aux alentours de 1935, à l'ère Shōwa, chacun avait sa propre table basse sur laquelle il mangeait. Les tables avec des pieds étaient utilisées pour les invités lors des mariages, des funérailles et autres occasions particulières, tandis que celles en forme de boîtes, sans pieds, étaient destinées à l'usage quotidien. La cuisine, le séjour et la chambre ne faisaient qu'un, aussi préférait-on les tables-boîtes dans lesquelles on pouvait ranger la vaisselle.

La *hazoken* montrée sur l'image est en orme du Japon et a été habilement confectionnée par des artisans de Suruga, dans la préfecture de Shizuoka. On peut y ranger un bol de riz, un bol de soupe, une assiette, une tasse et des baguettes pour une personne. À l'heure des repas, le couvercle est retourné et la boîte utilisée comme table. Le repas terminé, la vaisselle est rangée à nouveau. Faire le meilleur usage de l'espace disponible répond à un impératif pratique et reflète la sagesse japonaise. Les *hazoken* modernes ont des roulettes qui les rendent plus faciles à déplacer, et ce mélange de tradition et d'ingéniosité moderne offre une nouvelle manière de les utiliser dans la vie courante. Elles sont parfaites pour les gens qui cherchent à se simplifier la vie et à réduire au minimum les objets dont ils ont un besoin occasionnel.

箱膳

日本の家庭では、江戸時代から昭和10年ごろまで、一人ひとりが自分専用の膳で食事をしていました。足がついた膳は冠婚葬祭などの来客用で、普段は足のない箱型の膳を使用しました。当時、庶民の住宅の間取りは土間と一部屋のみで、台所、居間、寝室を一つの部屋でまかなっていたので、食器を収納できる箱膳が好まれたようです。

写真は静岡県の駿河職人が丁寧に仕上げた、国産ケヤキを使用した「箱膳」。箱の中にごはん茶椀や汁椀、お皿、湯呑み、お箸など、一人分の食器を収納できます。食事のときには蓋を返して膳として用い、食事が終わったら食器をしまいます。限られた空間を生かすところが、合理的で日本人らしい知恵です。さらにこの現代の箱膳は、底にキャスターが付いているので持ち運びにも便利。伝統の上に新たな工夫を加え、現代の生活に合わせた使い方を提案しています。必要がないモノをなるべく持たず、シンプルな生活をしたい人にはピッタリです。

※本商品の製作・販売は終了しています。

Goutteur de café en treillis métallique *kanaami*

La confection de treillis métalliques *kanaami-zaiku* est un artisanat traditionnel japonais dont l'origine remonte à l'époque de Heian (fin du IXe-début du Xe siècle). On peut en faire des écumoires à *tofu*, des passoires à thé, des paniers à griller et autres ustensiles qui restent précieux pour la vie de tous les jours. Bien qu'il y ait eu à Kyōto dans les années 1950 plus de trente magasins produisant des treillis métalliques *kanaami*, il n'en reste que très peu aujourd'hui. Les *Kyō kanaami* utilisent trois techniques – le tressage manuel du métal, la fabrication du treillis et sa mise en forme.

L'atelier et magasin Kanaami Tsuji, à Kyōto, est depuis longtemps fréquenté par des chefs et des pâtissiers, et leurs besoins individuels ont été incorporés aux produits. Ce goutteur à café tressé à la main, qui est associé à un torréfacteur, est le fruit d'une série d'essais qui ont duré quatre ans et ont donné naissance à un article vendu en exclusivité. Un treillis en cuivre façonné en forme de cône est inséré dans un cône de cuivre plein. Les irrégularités du treillis et la rétention de la chaleur par la plaque de cuivre concourent à donner au café ainsi préparé un goût exquis. La base du goutteur utilise un treillis en carapace de tortue *kikko-ami*, de sorte qu'il peut être posé sur un verre ou une tasse pour un usage facile. Les *kanaami* sont fascinants à la fois par leur beauté et leur fonctionnalité.

金網細工のコーヒードリッパー

「金網細工」は起源が平安時代にまでさかのぼる、日本の伝統工芸です。豆腐すくい、茶こし、焼き網など、生活に密着した調理道具に用いられ、今でも欠かせないものばかりです。しかし、昭和30年代は京都に30軒以上あったという金網細工の店も、現在では京都に数軒しか残っていません。京金網は、手編み・網の加工・曲げの3つの技術を駆使して作られます。

京都市内に店舗と工房を構える「金網つじ」は、昔から料理人や和菓子職人たちの細かい要望に応えながら、商品を作り出してきました。この「手編みコーヒードリッパー」も、珈琲焙煎人と試行錯誤を繰り返し、4年の歳月をかけて完成させたこだわりの逸品です。銅製の円錐の中に円錐形に編まれた金網を入れており、この金網の部分の凹凸と銅板の保温力で美味しいコーヒーを淹れることができます。また、カップやグラスの上でも扱いやすくするために、台座の部分も亀甲編みにしてあります。使い勝手はもちろん、何より金網の美しさにハッとさせられます。

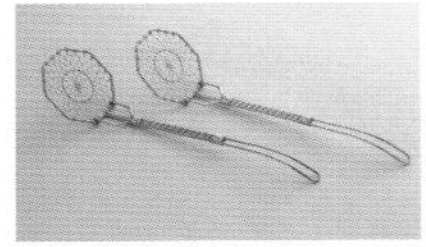

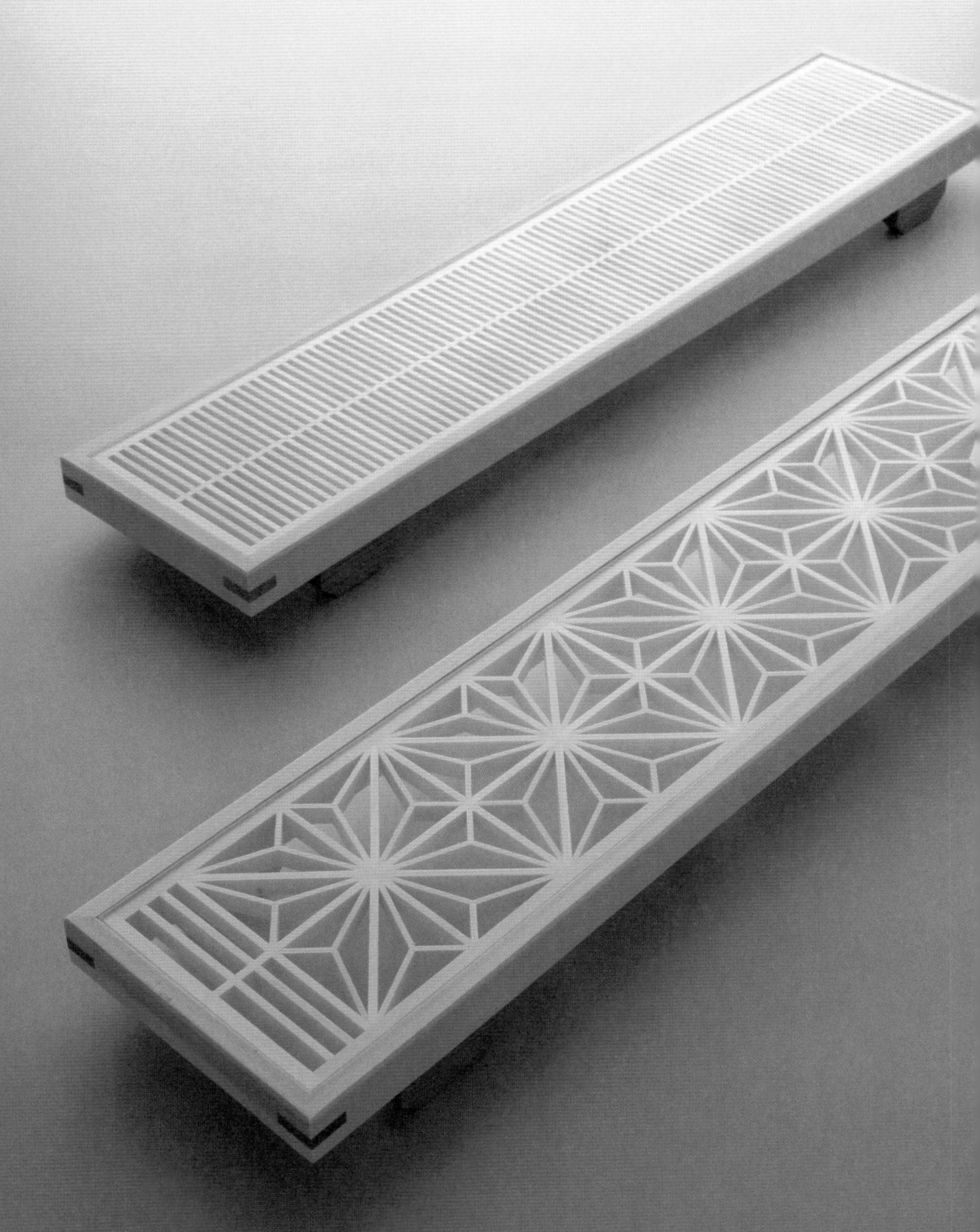

Longs plateaux en bois *kumiko*

Dans les maisons traditionnelles japonaises, entre le plafond et les linteaux des pièces attenantes sont disposés des impostes en bois appelés *ramma*, qui utilisent des décorations sculptées, des ajourages, des treillis *kumiko* et des *shōji* décoratifs. Leur rôle était autant fonctionnel qu'ornemental, car ils laissaient entrer la lumière et ventilaient la pièce. Cependant, on n'en voit plus aujourd'hui que dans les sanctuaires, les temples et les authentiques maisons japonaises.

Ces longs plateaux *kumiko* modernes ont été créés en posant une plaque de verre sur un panneau en treillis *kumiko* autrefois utilisé comme imposte. Ils ont été réalisés par des menuisiers qualifiés basés à Kanuma, dans la préfecture de Tochigi, renommée pour sa production de cèdres de Nikkō. Les dessins géométriques des *kumiko* sont adroitement obtenus grâce à des techniques n'employant pas un seul clou ni vis. *Kanuma kumiko* est l'une de ces techniques, qui se transmet depuis environ quatre siècles, lorsque des charpentiers, des menuisiers et des spécialistes des finitions intérieures, tous experts dans leur art, vinrent de différentes régions pour construire le sanctuaire Nikkō Tōshō-gū à Kanuma.

Ces plateaux peuvent convenir à toutes sortes d'usages, que ce soit servir des sushis et des pâtisseries, ou exposer des accessoires et des œuvres d'art. Le treillis élégant et ouvragé est un régal pour les yeux.

組子ロングトレー

その昔、日本家屋には天井と鴨居（かもい）の間に、彫刻、透かし彫り、組子、障子などの飾りが施された「欄間（らんま）」がありました。単なる装飾ではなく、部屋に光を取り込んだり、風を通したりする機能も果たしていました。しかし現在では、神社仏閣や本格的な和風住宅でしか見られなくなっています。

この和モダンな「組子ロングトレー」は、欄間で使われていた「組子（くみこ）」の上にガラスを載せたもので、日光杉の産地として有名な栃木県鹿沼市の熟練した組子職人が作っています。組子は、釘やビスを一切使わずに幾何学模様を組んでいく技法で、1本ずつ丁寧に手作りしています。「鹿沼組子」は約400年前に日光東照宮を造るため、全国各地から集められた優秀な大工や、彫刻・建具などの職人が鹿沼に立ち寄り、その技を継承してきたといわれています。

お寿司やスイーツなどを盛り付けたり、アクセサリーやオブジェを置いたりと、トレーの使い方は自由です。美しく繊細な組子模様が目を喜ばせてくれます。

Râpes à bonite séchée

De nos jours, les copeaux de bonite séchée *katsuobushi* se trouvent surtout en sachets dans les supermarchés, et le bruit et l'odeur de la bonite séchée qu'on râpe à table appartiennent de plus en plus au passé.

Si vous essayez de râper un bloc de bonite séchée, vous vous apercevrez vite qu'il vous faut une technique adaptée. L'intérêt des râpes à bonite séchée produites par Yamatani Works sous leur marque Daiya est qu'elles sont faciles à utiliser pour les gens qui ne se sont jamais servis d'une râpe auparavant, et même un enfant peut y arriver. La lame est fabriquée avec un acier de haute qualité et la partie en bois du rabot est en chêne blanc *shirakashi* résistant aux déformations, qui a été mis à sécher pendant plusieurs années. Chaque râpe est testée avant d'être envoyée, et vous pouvez vous en servir aussitôt qu'elle arrive chez vous.

Ces râpes en noyer et hêtre ont des formes simples, stylées. Yamatani Works offre également des services d'affûtage des lames et de réparation des rabots, aussi pouvez-vous avoir le plaisir d'utiliser ces objets votre vie durant. Après trente minutes, le *katsuobushi* commence à s'oxyder, donc l'arôme et le goût sont les meilleurs quand la bonite vient juste d'être râpée. Cet article mérite une place à toutes les tables.

鰹節削り器

最近は「鰹節」といえばパック入りの商品を目にすることが多く、昔のように食卓で鰹節を削る音や香りを嗅ぐこともすっかり減ってしまいました。

実際、鰹節を削ってみようとすると、意外とコツが必要です。大工が使う鉋を1946年から作ってきた、新潟県三条市にある山谷製作所のブランド「台屋」の「鰹節削り器」は、初めて使う人や子どもでも削りやすいのが魅力です。鰹節を削る際の要となる鉋刃には高品質の鋼を用い、鉋の木部である鉋台には、数年間乾燥させた変形しにくい白樫を用いています。試し削りをしてから出荷するので、手元に届いたらすぐに使い始めることができます。

ウォルナット材とブナ材を使用したデザインはシンプルでスタイリッシュです。鉋刃の研磨や鉋台の修理などのメンテナンスも受け付けてもらえるので、一生ものとして長く愛用できます。鰹節は削ってから30分で酸化が始まるため、だからこそ削りたての香りと味は格別なのです。食卓で削りたての鰹節を味わってほしいものです。

Comment faire un *ichiban dashi* et un bouillon *niban*

Un *ichiban dashi* (première extraction) est un bouillon clair à l'odeur agréable et à l'élégante couleur ambrée. C'est une base parfaite pour une soupe claire *suimono*, une soupe miso ou une crème aux œufs salée *chawanmushi* dans laquelle sa saveur unique peut être distinctement perçue. Un bouillon *niban dashi* (seconde extraction) est préparé avec les copeaux de bonite séchée *katsuobushi* restant de l'*ichiban dashi* et, bien que l'arôme soit plus faible, son goût est plus intense. Un *niban dashi* est excellent pour des plats cuits à petit feu *nimono*, ainsi que des plats de riz *takikomi gohan* au goût plus relevé.

一番だし、二番だしの取り方

一番だしは風味が良く、濁りのない上品な琥珀色が特徴です。味のよくわかる吸い物、味噌汁、茶碗蒸しなどによく合います。二番だしは、一番だしのだしがらを使うため香りは弱まりますが、濃い旨味が特徴です。二番だしは煮物や炊き込みご飯など、しっかり味をつけるものによく合います。

Comment préparer un *ichiban dashi* / 一番だしの取り方

Ingrédients

Copeaux de bonite séchée *katsuobushi* : 30 g
Eau : 1 000 ml (5 tasses japonaises)

1 Mettez l'eau dans une casserole et portez-la à ébullition sur la cuisinière.
2 Quand l'eau bout, éteignez le feu et ajoutez le *katsuobushi*.
3 Attendez 1 ou 2 minutes que le *katsuobushi* tombe au fond de la casserole.
4 Puis passez très lentement la préparation à travers du papier essuie-tout ou un linge dans une passoire.
*Vous devez filtrer le bouillon très lentement car le *katsuobushi* donne un goût amer s'il est pressé.

《材料》

かつお節…30g
水…1,000ml（計量カップ5杯）

1 鍋に水を入れ、火にかけて沸騰させます。
2 沸騰したら火を止め、かつお節を入れます。
3 かつお節が鍋底に沈むまで1～2分おきます。
4 キッチンペーパーか布巾を敷いたざるで、静かに漉します。
＊かつお節を絞るとえぐみが出るので、静かに漉しましょう。

Comment préparer un *niban dashi* / 二番だしの取り方

Ingrédients

Katsuobushi restant de l'*ichiban dashi* : équivalent de 30 g de copeaux de *katsuobushi*

Eau : 500 ml (2,5 tasses japonaises)

Copeaux de *katsuobushi* supplémentaires : 4,5 à 5 g

1 Mettez le *katsuobushi* de l'*ichiban dashi* restant dans une casserole avec l'eau et portez à ébullition.
2 Quand l'eau bout, baissez le feu et laissez mijoter 3 à 5 minutes, puis éteignez le feu.
3 Ajoutez les copeaux de *katsuobushi* supplémentaires et laissez-les tremper 1 à 2 minutes.
4 Passez très lentement la préparation à travers du papier essuie-tout ou un linge dans une passoire.

《材料》

一番だしのだしがら…削り節30g相当
水…500ml（計量カップ2.5杯）
追いがつお用削り節…4.5～5g

1 鍋に一番だしのだしがらと水を入れ、火にかけて沸騰させます。
2 沸騰したら弱火で3～5分間煮出して、火を止めます。
3 かつお節4.5～5gを追加して1～2分おきます。
4 キッチンペーパーか布巾を敷いたざるで、静かに漉します。

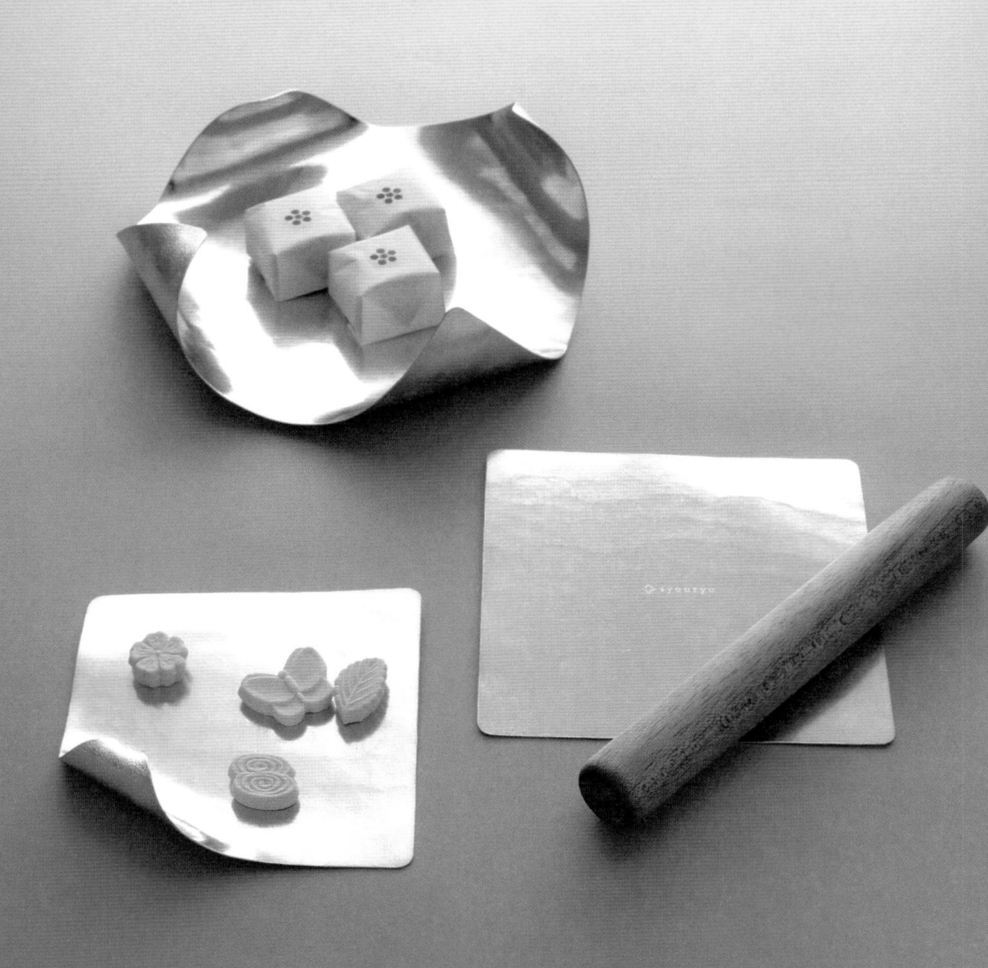
syouryu

Plaquettes en étain malléable *suzugami*

L’atelier Shimatani Syōryu Kōbo, fondé en 1909, emploie trois des dix derniers artisans japonais qui fabriquent des cloches en forme de bol ou *rin*. Les *rin* sont un type de cloches ou de bols chantants utilisés dans les temples. Elles sont faites en laiton, qui a été martelé pour leur donner leur forme rondes puis accordées. Les plaquettes souples de l’image ont été créées avec du *suzugami* travaillé selon les techniques de fabrication des *rin* et vous pouvez les modeler à votre guise.

Le mot *suzugami* signifie littéralement « papier en étain » parce que les artisans ont habilement martelé l’étain jusqu’à ce qu’il devienne aussi fin que du papier d’origami. Il ne se détériore pas quand on le courbe ou le redresse, et on peut lui donner la forme que l’on souhaite. Roulez-le avec un rouleau à pâtisserie en bois *koro* et il reprendra facilement sa forme plate d’origine.

Disponibles dans quatre tailles différentes, on peut se servir de ces plaquettes pour présenter des serviettes ou des épices, à moins de suivre son inspiration et d’en modifier la forme pour façonner un reposoir à baguettes ou à couverts, ou encore un bol pour les nouilles *soba*, la salade, etc. Laissez votre imagination vous guider et modelez votre propre plaquette unique en son genre.

すずがみ

明治42年（1909年）創業の「シマタニ昇龍工房」には、日本全国に10人もいない「おりん職人」が3人います。りんとは寺院用の「鈴」のことで、真鍮（しんちゅう）の板を金槌で叩いて丸みを整え、音を調律します。写真のプレートは、このりんを作る技術から生まれた「すずがみ」で、自分の好きなように形を変えられるプレートなのです。

「すずがみ」という名は、熟練したりん職人が圧延された錫を何度も金槌で叩き、折り紙のように薄くしたことから付けられました。曲げ伸ばしによる劣化が少なく、自由に曲げることができ、木の棒「ころ」を表裏、縦横に転がせば、簡単に元通りに伸ばすことができます。

４種類から選べる大きさによって、お手ふきや薬味をのせたり、形を工夫してカトラリーレストや箸置きにしたり、お蕎麦やサラダなど大皿として使ったりと用途も自由自在。ぜひ自分で形作るプレートを体験してみてはいかがでしょうか。

Fouet mélangeur à thé vert *chasen*

Quand on prépare du thé vert, on utilise un fouet à thé, ou *chasen*, pour créer une mousse fine et légère et améliorer le goût. C'est un ustensile indispensable pour la cérémonie du thé. Il existe environ cent vingt types de fouets, qui diffèrent selon l'usage mais aussi l'école de thé. Le fouet mélangeur de l'image a été conçu de manière à ce qu'en plus du thé vert, vous puissiez déguster d'autres breuvages tels un cappuccino, un chocolat ou un thé au lait.

Ce fouet est un *Takayama chasen* de Nara, qui détient 90 % des parts du marché au Japon, et est produit par l'entreprise Chikumeido. Celle-ci, fondée en 1633, a une lignée d'artisans spécialisés dans la fabrication de fouets à thé et toutes les techniques sont transmises de bouche-à-oreille à un seul enfant à chaque génération. L'artisan de la 24e génération a développé ce modèle pour que les gens se sentent plus à l'aise avec la cérémonie du thé, sans avoir trop à se soucier de l'étiquette. Si on allonge la poignée au maximum, on peut l'utiliser comme un mélangeur pour confectionner le thé vert.

Ce *chasen* laisse espérer que davantage de gens s'intéresseront à la cérémonie du thé. Mettez vos soucis de côté et appréciez à la fois le goût du thé et la beauté du fouet.

マドラー茶筌

お茶を点てる際、ふわりとしたきめ細やかな泡を立て、口当たりをよくしてくれるのが「茶筌」です。用途や流派によって約120もの種類があり、茶道には欠かせない道具です。抹茶のみならず、カプチーノ、ココア、ミルクティーなどが楽しめるように作られたのが「マドラー茶筌」です。

これは、日本国内9割のシェアを誇る奈良「高山茶筌」の中でも、500年の伝統を守る「竹茗堂」のものです。竹茗堂は、1633年に創業した代々続く茶筌師の家で、すべての技術は一子相伝で口承されてきたといいます。作法を気にせず気軽に親しんでもらうべく、24代目当主が考案しました。茶筌の柄をできる限り長くしたことで、マドラーのように使いやすくお茶が点てられるのです。

茶道の入り口となってくれることを祈って作られた、この「マドラー茶筌」。難しいことはさておき、お茶を楽しみ、茶筌そのものの美しさを味わってみましょう。

Cérémonie du thé à table

Voici quelques indications pour déguster un délicieux thé vert à la maison, sans craindre de devoir suivre une étiquette stricte.

Préparation

1 Versez de l'eau bouillante dans un bol à thé pour le réchauffer.

2 Passez du thé vert en poudre *matcha* à travers une passoire à thé pour en extraire toute impureté.

テーブル茶道

堅苦しい約束事はさておき、お家のテーブルで美味しい抹茶を楽しむためのポイントをご紹介します。

《下準備》

1 沸かしたお湯を、茶碗に注いで温めておきます。

2 茶漉しで抹茶を漉して、ダマをほぐしておきます。

Comment préparer le thé vert ／ 抹茶のいれ方

1 Mettez 1 cuillère à soupe de *matcha* dans une tasse à thé.

2 Versez lentement de l'eau bouillante préalablement rafraîchie à 80 °C dans le bol jusqu'au tiers de sa hauteur (60-80 ml).

1 茶碗に茶杓２杯（テーブルスプーン１杯）の抹茶を入れます。

2 80度のお湯をゆっくりと茶碗の1/3くらいまで（60～80ml）注ぎます。

3 Tenez le fouet à thé *chasen* délicatement et décrivez des mouvements lents et amples contre le fond du bol.

4 Lorsque de grosses bulles apparaissent, relevez progressivement l'extrémité du fouet et commencez à faire des mouvements en M ou en W dans le thé. Quand les bulles deviennent plus fines, remuez doucement la surface du thé.

5 Quand les bulles sont égales, levez doucement le fouet depuis le centre du bol.

6 Dégustez votre délicieux thé.

3 茶筅を軽く持ち、最初は茶碗の底に当てながらゆっくりと大きく混ぜます。

4 大きい泡が立ったら少しずつ穂先を持ち上げて、手早く前後に「M」か「W」を描くように動かします。細かく泡立ってきたら、最後にお茶の表面を静かに撫でます。

5 泡が均等になってきたのを確認して、お茶の真ん中から静かに茶筅を持ち上げます。

6 美味しい抹茶の完成です。

Assiettes *Arita-yaki mamezara*

Ces petites assiettes connues sous le nom de *mamezara* peuvent n'avoir que 10 cm de diamètre, mais chacune des étapes de leur fabrication a requis un savoir-faire ancestral – la confection du moule, la préparation de l'argile, la cuisson et la décoration. La série Komon de Kihara, une entreprise qui produit de la céramique *Arita-yaki* de Kyūshū, reprend des motifs japonais traditionnels et leur donne un aspect moderne caractérisé par un style graphique et un coloris blanc et indigo qui accroche l'œil. C'est un ensemble de cinq pièces comportant des motifs de saison, parmis lesquels on reconnaît *umezuru*, *maromonnami*, *inaho*, *yukiwa* et *Fuji*.

Umezuru combine une grue et un plumage en forme de fleur de prunier. La fleur de prunier symbolise le printemps et la grue signifie la longévité. Le motif de vague répétée *maromonnami* représente l'été et a le sens d'événements favorables se succédant par vagues. Les épis de riz *inaho* sont un symbole de l'automne et des récoltes abondantes, tandis que *yukiwa* exprime le mysticisme d'un tableau hivernal. Le dernier motif, montrant le mont Fuji, représente le début d'une nouvelle année et est un symbole très aimé des Japonais. Chacune de ces petites *mamezara* possède une signification profonde et subtile.

Utilisez-les pour servir des épices, des amuse-bouche miniatures, des petits gâteaux ou des bonbons, et laissez ces plats minuscules produire un grand effet à votre table.

有田焼の豆皿

直径10センチほどの小さな皿に、型作り、生地作り、焼成、絵付けなど、各工程の職人たちの伝統技術がぎゅっと詰まった「豆皿」。九州の有田焼を扱う商社「KIHARA」の「KOMON」シリーズは、日本の伝統文様をモダンにアレンジした美しい白と藍のグラフィカルなモチーフが目を引きます。季節紋セットは梅鶴(うめづる)、磨紋波(まろもんなみ)、稲穂、雪輪(ゆきわ)、富士の5枚を合わせた商品です。「梅鶴」は、春を感じさせる「梅」と長寿を象徴する「鶴」を組み合わせています。繰り返し寄せる波を表した「磨紋波」は、吉事が次々起こることを表した夏の紋様です。「稲穂」は秋の収穫を、「雪輪」は冬の神聖な景色を思わせます。そして「富士」は、新しい年の幕開け、日本の象徴として愛される紋様です。小さな豆皿それぞれに、粋な世界感が感じられます。

薬味や一口前菜、小さな和菓子やキャンディをのせられて、このお皿が食卓に並ぶだけで話がはずみそうですね。

Râpes *oroshigane* en cuivre

Les râpes *oroshigane* en cuivre sont des ustensiles de cuisine utiles dont on se sert depuis l'époque d'Edo pour râper du radis *daikon* et d'autres légumes, ainsi que des épices comme le wasabi et le gingembre. Récemment, les râpes en plastique sont devenues plus courantes, et il n'y a plus aujourd'hui que deux entreprises dans la région du Kantō qui continuent à fabriquer des râpes *oroshigane*. L'une d'elles est Oya Seisakusho, basée à Wakō, dans la préfecture de Saitama.

Fondée en 1928, cette entreprise utilise des techniques ancestrales pour créer ces produits à partir de plaques de cuivre pur étamé, en formant adroitement chaque dent saillante de la râpe avec un marteau et un ciseau. Bien que ces dents semblent uniformes, les artisans utilisent leur habileté pour les faire de tailles légèrement différentes et les espacer irrégulièrement. Cela signifie qu'on peut râper du *daikon* en douceur, sans devoir appuyer fort, et qu'il n'est pas non plus nécessaire de changer la direction dans laquelle on râpe. De plus, cette conception permet aux cellules du *daikon* de rester intactes, si bien que les fibres et l'eau contenue dans le légume ne sont pas séparées. On obtient ainsi du radis râpé *daikon oroshi* doux et moelleux.

Les râpes en cuivre *oroshigane* continuent à avoir la préférence des chefs professionnels du fait de leur solidité et de leurs propriétés antibactériennes exceptionnelles, mais aussi parce que les dents écrasées peuvent être redressées.

銅のおろし金

大根などの野菜や、わさび・生姜などの薬味をおろすための銅の「おろし金」は、江戸時代から受け継がれてきた台所道具です。近年はプラスチック製のものが増え、現在関東で銅のおろし金を作っているのは２軒のみ。このおろし金は、そのうちの１軒で埼玉県和光市にある「大矢製作所」のものです。

昭和3年（1928年）創業の大矢製作所では、すずメッキを施した純銅の板に、鏨(たがね)という道具と金槌で一つ一つ丁寧に刃を立てていく、昔ながらの製法を受け継いできました。この職人が立てた刃は、きれいに揃っているように見えて、実は微妙に間隔や高さを変えてあるため、余分な力を入れたり大根の向きを変えたりしなくても、スムーズにおろすことができます。また、大根の細胞が潰れず、水分と繊維が分離しないので、ふわっとしたみずみずしい大根おろしができます。

銅のおろし金は耐久性や抗菌効果に優れ、刃の立て直しもできるため、プロの料理人の間でも愛用され続けています。

Marmites à riz *Iga-yaki donabe*

Cette marmite à riz *Iga-yaki donabe*, baptisée *Kamado-san*, est produite par l'entreprise Nagatani-en, qui a été fondée en 1832 dans la région d'Iga, dans la préfecture de Mie. Grâce au bouche-à-oreille qui a fait savoir qu'avec elle n'importe qui pouvait préparer un riz délicieux, cette marmite est devenue un article très populaire, loin de la norme actuelle des rice-cookers électriques. À Iga, la terre est extraite d'une couche sédimentaire vieille de 4 millions d'années et, lorsqu'elle est cuite à haute température, elle forme de petits pores. On dit donc qu'elle respire de la même façon que le bois. Le vernis utilisé à la surface est excellent pour favoriser le rayonnement infrarouge, permettant à la chaleur de pénétrer profondément, si bien que même après que le feu a été éteint, le riz continue à cuire comme il le ferait à feu doux. C'est ce qui rend chaque grain de riz plein et brillant, avec une saveur douce qui s'intensifie en mâchant. Si la marmite retient si bien la chaleur, elle absorbe également l'humidité, permettant d'éliminer l'excès de liquide.

Un autre secret du succès de cette marmite est que vous pouvez personnaliser la façon dont vous faites le riz en modifiant le temps de cuisson pour ajuster la consistance des grains, et avoir ainsi le plaisir de préparer un riz croustillant et aromatique à votre goût.

伊賀焼の炊飯土鍋

火加減がいらず、誰でも簡単に美味しいご飯を炊けると口コミで広がり、電気炊飯器が主流の時代に大ブレイクした炊飯土鍋「かまどさん」は、1832年に三重県伊賀地方で築窯した、伊賀焼窯元「長谷園」の土鍋です。伊賀の陶土は400万年前の堆積層から採られ、高温で焼くと細かな気孔ができ、木のように「呼吸する土」と言われています。使用している釉薬は遠赤外線効果が高く、じっくり熱を伝え、火を止めても弱火で煮込んでいるような効果があるため、一粒一粒がふっくらつやつやで、噛めば噛むほど甘さが際立つご飯が炊き上がります。土鍋は保温性が高く、余分な水分をうまく逃す吸湿力も備わっています。

炊き時間、ご飯の固さ、そして、土鍋で炊く楽しみのひとつである「おこげ」の具合も、細かく自分で調整できるところが人気の秘密なのです。

Comment cuire du riz

Le riz cuit dans une marmite en terre a un goût exceptionnel.

Voici comment préparer un riz délicieux dans une marmite *Kamado-san donabe* produite par Nagatani-en.

ご飯の炊き方

土鍋で炊くご飯は格別です。長谷園の炊飯土鍋「かまどさん」で、美味しいご飯を炊いてみましょう。

Comment cuire un riz délicieux dans une marmite en terre *donabe* / ご飯の炊き方

Ingrédients

Riz : 150 g (2 tasses de riz)

Eau : 400 ml

1 Lavez et passez le riz, mettez-le dans la marmite et laissez tremper 20 minutes.
*L'eau qui touche le riz en premier est celle qui est la plus absorbée, donc si vous avez une préférence pour une certaine eau, utilisez cette eau pour laver le riz.

2 Chauffez le pot à feu moyen-vif pendant 10-12 minutes.
*Cuisez le riz une minute de plus si vous l'aimez croustillant et plus parfumé.

3 Quand la vapeur commence à sortir du trou dans le couvercle, attendez 1-2 minutes, puis éteignez le feu.

4 Laissez reposer 20 minutes afin que la vapeur s'échappe.

《材料》

お米…２合

水…400ml

1 研いで水気をよく切ったお米と分量の水を土鍋に入れ、20分ほど吸水させます。
＊お米を研ぐ最初の水が一番吸収されるので、水にこだわるなら、研ぐ時の最初の水に使いましょう。

2 中強火に10～12分かけます。
＊炊き上げ時間を１分前後のばすと、香ばしいおこげができます。

3 上ふたの穴から蒸気が勢いよく噴き出し始めてから、約１～２分後に火を止めます。

4 火を止めてからそのまま20分ほど蒸らします。

Baguettes *Edo Kibashi*

Qu'y a-t-il de plus indispensable à la cuisine japonaise que les baguettes pour partager, saisir, séparer et mélanger les aliments ?

L'entreprise Edo Kibashi Daikokuya, basée dans l'arrondissement de Sumida, à Tōkyō, utilise des bois précieux spécialement sélectionnés tels que l'ébène, le santal rouge ou le bois de fer indien, et ses artisans qualifiés font appel à tout leur savoir-faire pour travailler chaque bois en fonction de ses caractéristiques spécifiques, mettant en œuvre une dizaine de processus différents pour réaliser le produit final. Les trois premiers centimètres, qui forment la pointe des baguettes, sont essentiels et chaque paire a été fabriquée avec un souci de fonctionnalité, de façon à ce qu'elle puisse bien saisir la nourriture et permette d'attraper les choses facilement. Comme la taille idéale n'est pas la même pour tous, il existe plus de 200 types de baguettes Edo Kibashi, carrées, octogonales ou rondes, et de longueur, épaisseur et poids divers, afin de convenir aux mains de chacun.

Il y a également des baguettes spéciales pour certains types de nourriture, comme par exemple le tofu, les haricots fermentés *natto* ou les nouilles *udon* et *soba*. Les baguettes à *natto* sont dotées d'une large pointe ronde qui permet de mélanger plus aisément les haricots, tandis que les baguettes à tofu ont des pointes carrées épaisses et profondément rainurées, pour saisir le tofu sans le briser. Ainsi se manifeste l'ingéniosité des artisans intégrée à la culture japonaise des baguettes.

江戸木箸

お料理を取り分ける、つまむ、ほぐす、まぜるなど、お箸は日本人の食事に欠かせません。

東京都墨田区の「江戸木箸 大黒屋」では、黒檀、紫檀、鉄刀木（たがやさん）など、厳選された銘木を使い、それぞれの木の質に応じて熟練した職人の技と感性を駆使して、約10の工程を経て仕上げています。「箸先一寸」と呼ばれる先端の約3センチが箸の要であり、握りやすくてつまみやすい機能性が何より大切との思いを、一膳一膳に込めて作っています。人それぞれ手の大きさも感覚も違うため、自分の手に合った長さ、重さ、太さの箸を選べるよう、四角形から八角形、その他丸形まで、約200種類もの「江戸木箸」が用意されています。

また、納豆、豆腐、うどん、そばなど、様々な食材に合わせた専用箸があります。納豆箸は混ぜやすいよう箸先が太くて丸く、豆腐箸は崩さずにつかめるよう、面を大きく削って箸先を太めの四角形にしてあります。職人の技による工夫と、日本ならではの箸文化の姿です。

Les manières avec les baguettes

Au Japon, il y a diverses manières à connaître quand on utilise des baguettes, par exemple comment les prendre, les tenir et les reposer. Il existe également un certain nombre de tabous ou de choses à ne pas faire, désignés sous les termes de *kiraibashi*, *imibashi* ou *kinjibashi*. Toutes ces manières sont destinées à montrer qu'on apprécie la nourriture et à éviter d'embarrasser les autres convives. Des gestes gracieux contribuent pour beaucoup à l'agrément du repas.

お箸のマナー

日本ではお箸の持ち方や取り上げ方、置き方など、その使い方に様々なマナーがあります。また「嫌い箸」「忌み箸」「禁じ箸」などと呼ばれ、タブーとされる使い方もあります。これらの作法は、食事をいただくことに感謝し、食事を共にする相手を不快にさせないためのものです。美しい所作で気持ちの良い食事をしたいですね。

Une façon élégante de prendre ses baguettes ／ 美しい箸の取り方

1

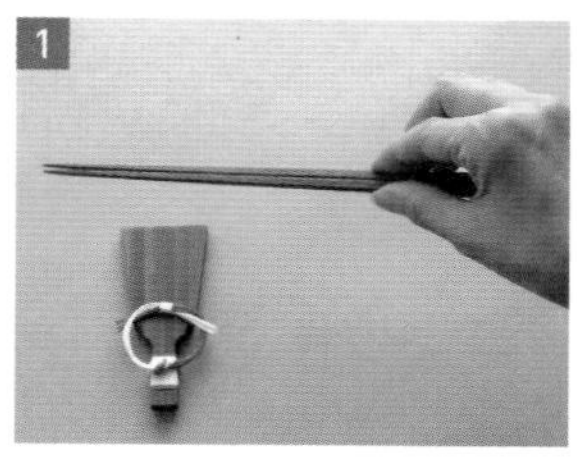

2

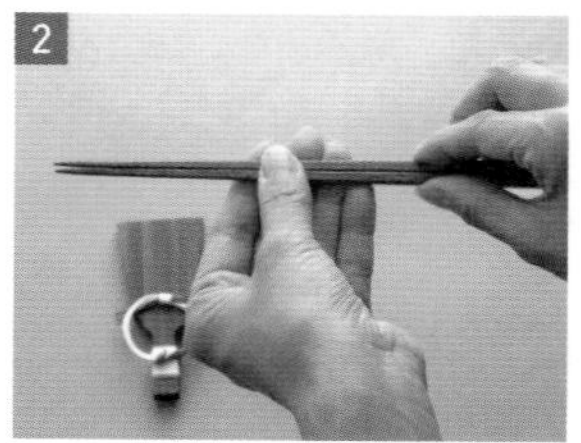

3

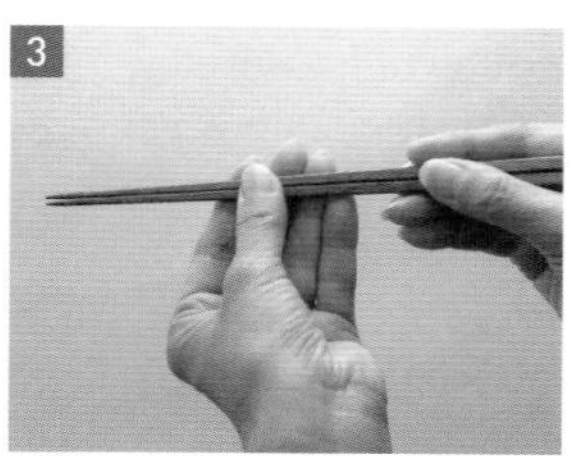

1 Saisissez les baguettes au centre par au-dessus avec votre main droite et levez-les lentement.
2 Utilisez votre main gauche pour tenir les baguettes par en dessous et faites glisser lentement votre main droite vers la droite.
3 Déplacez votre main droite vers l'extrémité droite et glissez-la sous les baguettes pour les maintenir dans la bonne position.

1 箸の中央あたりを右手で上からつまみ、少し持ち上げます。
2 持ち上げた箸に左手を下から添えて、右手を右端に滑らすように移動します。
3 右端に移動させた右手を、箸の下側に滑り込ませ、正しい位置で持ちます。

Comment prendre ses baguettes tout en tenant un bol ／ 器がある時のお箸の取り方

1 Tenez le bol à deux mains.
2 Éloignez votre main droite du bol et prenez les baguettes en les pinçant au centre par au-dessus.
3 Prenez et tenez les baguettes entre l'index et le majeur de la main tenant le bol.
4 Déplacez la main tenant les baguettes doucement vers la droite, faites glisser votre main droite sous les baguettes et tenez-les à la bonne place.

1 両手でお茶碗を持ちます。
2 お茶碗から離した右手で、箸の中央あたりを上からつまんで持ち上げます。
3 お茶碗を持っている手の人差し指と中指で箸を挟みます。
4 箸を持った手を滑らすように右方向に移動させ、箸の下側に滑り込ませ、正しい位置で持ち直します。

Comment reposer ses baguettes / お箸の置き方

1 Tenez les baguettes par en dessous avec votre main gauche.
2 Déplacez les baguettes vers votre main droite et quand leurs extrémités atteignent le bout de votre main droite, prenez-les par au-dessus avec cette main.
3 Baissez votre main gauche et reposez les baguettes soigneusement avec votre main droite.

1 左手をお箸の下側に添えます。
2 右手を箸の右側に移動させ、端まできたら箸の上から持ちます。
3 左手を離し、右手で箸をきれいに揃えて置きます。

Où placer ses baguettes / お箸の置き方

◎Placez-les sur le repose-baguettes (les pointes devraient dépasser de 3 à 5 cm).
◎Pliez la pochette en papier des baguettes et utilisez-la comme repose-baguettes.
○(Pendant que vous confectionnez un repose-baguette) Posez temporairement la pointe des baguettes sur le bord d'un plat.
○(Si vous mangez sur une table basse individuelle) Posez les baguettes sur le bord gauche de la table.
×Ne placez jamais les baguettes en travers d'un bol.

◎箸置きに置く（箸先3－5 cmを箸置きから出す）
◎箸袋を折って箸置きにして置く
○（箸置きを作っている間）平皿の縁に箸先だけをかける
○（お膳がある場合）お膳の左端にかける
×茶碗の上にかける

Tabous et choses à ne pas faire quand on utilise des baguettes / 箸の使い方のタブー

Jika-bashi—Utiliser vos propres baguettes
Si vous mangez avec d'autres gens et devez vous servir dans un grand plat, n'utilisez pas vos propres baguettes pour prendre la nourriture. Demandez des baguettes pour le service.

Mayoi-bashi—Laisser errer les baguettes
Quand il y a plusieurs plats sur la table, ne laissez pas vos baguettes errer au-dessus avant de faire votre choix.

Neburi-bashi—Lécher les baguettes
Ne léchez pas la nourriture sur vos baguettes. Nettoyez vos baguettes avec du papier *kaishi* ou un mouchoir.

Chigiri-bashi—Couper avec les baguettes
Ne tenez pas une baguette dans chaque main pour couper la nourriture avec.

Kami-bashi—Mordre les baguettes
Ne mordez pas le bout de vos baguettes.

Tataki-bashi—Tapoter avec les baguettes
Quand vous souhaitez attirer l'attention de quelqu'un, ne tapotez pas votre bol ou un plat avec vos baguettes pour faire du bruit.

・直箸（じかばし）
複数人で食卓を囲んでいる時、大皿の料理を口をつけた箸で取ること。取り箸をお願いしましょう。

・迷い箸
たくさんのお料理を前に、どれから取ろうかと迷って、料理の上で箸を行ったり来たりさせること。

・ねぶり箸
箸についたものをペロリとなめること。箸の汚れは懐紙などで拭き取りましょう。

・ちぎり箸
箸を両手に１本ずつ持ち、お料理を切り分けること。

・噛み箸
箸先を噛むこと。

・叩き箸
人を呼ぶ時、箸で茶碗や器などを叩いて音を出すこと。

Tate-bashi—Planter les baguettes
Ne plantez pas vos baguettes droites dans un bol. On appelle cela *hotoke-bashi*. *Hotoke* signifie Bouddha et cet usage des baguettes est réservé aux funérailles pour faire une offrande de riz.

Awase-bashi—Passer la nourriture avec les baguettes
Ne passez pas la nourriture de vos baguettes à celles de quelqu'un d'autre. Cela est considéré comme de mauvais augure car on ne fait cet usage des baguettes que pendant la cérémonie qui suit une incinération japonaise, quand on passe les os de baguettes en baguettes.

Nigiri-bashi—Empoigner les baguettes
N'empoignez pas vos baguettes comme une cuillère.

Yose-bashi—Tirer les plats avec les baguettes
Ne vous servez pas de vos baguettes pour rapprocher les plats de vous.

Namida-bashi—Laisser dégoutter les baguettes
Ne laissez pas de la sauce ou de la soupe tomber de la pointe de vos baguettes.

Sashi-bashi—Piquer avec les baguettes
Ne piquez pas les baguettes dans les aliments qui sont difficiles à saisir.

Sashi-bashi—Désigner avec les baguettes
Ne pointez pas vos baguettes vers quelqu'un pour le désigner. Ce geste est considéré comme impoli, de même que désigner quelqu'un du doigt

Ogami-bashi—Prier avec les baguettes
Ne tenez pas vos baguettes verticalement entre les paumes de vos mains quand vous dites « *Itadakimasu* » (une forme de prière) avant de manger.

Saguri-bashi—Chercher avec les baguettes
Ne cherchez pas avec vos baguettes des restes de votre nourriture favorite dans les plats de soupe ou de riz et les casseroles.

Arai-bashi—Laver les baguettes
Ne trempez pas les pointes de vos baguettes dans la soupe pour les laver.

Hane-bashi—Repousser la nourriture avec les baguettes
Ne repoussez pas la nourriture que vous n'aimez pas avec vos baguettes.

Watashi-bashi—Placer les baguettes sur les plats
Dans le cours du repas, ne posez pas vos baguettes sur les plats comme un pont. Cela signifie que vous avez fini de manger et ne voulez plus rien.

Mochi-bashi—Tenir les baguettes avec autre chose
Ne tenez pas un bol dans la même main que les baguettes.

Sakasa-bashi—Retourner les baguettes
Ne retournez pas vos baguettes pour saisir de la nourriture dans un grand plat avec l'extrémité opposée. Il est poli d'utiliser des baguettes réservées au service.

・立て箸
茶碗に盛り付けたご飯に箸を突き立てること。これは「仏箸」とも呼ばれ、葬儀のお供えに用いられるため、忌み嫌われます。

・合わせ箸
料理を箸から箸へと受け渡すこと。火葬後の遺骨を箸から箸へと渡して骨壷に入れることから、食事では縁起が悪いとされています。

・握り箸
２本の箸を握ってスプーンのように使うこと。

・寄せ箸
箸を使って遠くの食器を手元に引き寄せること。

・涙箸
箸先から汁などをポタポタと落とすこと。

・刺し箸
箸でつかみにくい料理を突き刺して食べること。

・指し箸
箸先を人に向けること。人を指差すのと同様、箸で人やものを指すのは失礼にあたります。

・拝み箸
両手に箸をはさんだまま「いただきます」と拝むこと。

・探り箸
汁物や丼、鍋などの料理で、器の底に残っている具材や好きな具材を探すこと。

・洗い箸
汁物などで箸先を洗うこと。

・はね箸
嫌いな食材を箸でよけること。

・渡し箸
食事の途中で、箸を器の上に橋をかけるように置くこと。「もういりません」という意味になります。

・持ち箸
箸を持った手で器も持つこと。

・逆さ箸
大皿から料理を取り分ける際、箸を上下逆さにして使うこと。取り箸を使うのがマナーです。

Coupes à saké en bois *Kyo sashimono*

Le Japon comptait autrefois près de deux cents fabricants de bols en bois ; toutefois, leur nombre s'est aujourd'hui considérablement réduit. L'un des derniers est Okeya Kondo, à proximité du temple Daitoku-ji, dans le quartier de Murasakino à Kyōto, qui possède un atelier de fabrication d'objets en bois *Kyo sashimono*. Cette entreprise utilise du cèdre de Yoshino, du pin parasol, du cyprès *sawara* et d'autres conifères provenant de Nara pour produire des bols à riz *ohitsu*, des bols à sushis, des flacons et des coupes à saké. Ils confectionnent également des ustensiles en bois pour les temples et les sanctuaires.

L'artisan Taichi Kondo, qui a étudié auprès du Trésor national vivant Kiyotsugu Nakagawa, assure lui-même toutes les étapes de la production. Maniant avec expertise des centaines d'outils, il assemble les pièces de bois et les fixe avec des cerceaux pour en faire un bol ou une tasse. Ces pièces de grande qualité montrent comment il est possible de créer l'illusion d'un objet d'une seule pièce, et mettent en valeur les lignes élégantes du grain du bois associées à une forme caractéristique. On considère que le parfum des cèdres poussant dans la région de Yoshino (préfecture de Nara), réputée pour la fabrication de tonneaux à saké, accompagne parfaitement cette boisson et en améliore le goût. À mesure que le bois vieillit, il prend une belle couleur ambrée, qui ajoute au plaisir d'utiliser ces récipients.

京指物のぐい呑み

かつて日本国内に200軒近くあったといわれる桶屋も、現在では数える程となってしまいました。そのうちの一軒、京都紫野の大徳寺近くに京指物の工房を構える「桶屋近藤」は、奈良の吉野杉、高野槙、木曽椹などの針葉樹を使って、おひつや寿司桶、酒器やぐい呑みなどを作っています。また、手桶などの神社仏閣で使用する道具も作ります。

木工芸家の中川清司氏（人間国宝）に師事した職人、近藤太一氏がすべての工程を一人で担っています。何百という道具を使いこなしながら、バラバラの木片を組み合わせ、「たが」で留めて１つの桶やぐい呑みを作ります。木目の美しさ、清々しい姿形、ひとつなぎの木に見える職人技は絶品です。酒樽の産地・奈良県吉野の杉の香りは日本酒に合うといわれ、酒の風味を引き立たせます。吉野杉は年数を重ねるごとに綺麗なあめ色になっていくので、その変化も楽しみのひとつです。

登録
正本
總本店
登録
正本
總本店
登録
正本
總本店

Couteaux *wabocho*

Les couteaux de cuisine *wabocho* ne sont biseautés que d'un seul côté et produisent une coupe nette, gardant la forme de la nourriture tout en l'empêchant d'adhérer à la lame. Par exemple, ils permettent de faire des lamelles de sashimis fines et sans défauts. Il y a des couteaux pour différents usages, tels les couteaux *deba bocho* pour préparer le poisson, les longs couteaux fins *sashimi bocho* qui sont employés pour les sashimis, et les couteaux à lame fine *usuba bocho* pour émincer les légumes de manière décorative. Les couteaux de style occidental, conçus à l'origine pour couper la viande, ont été introduits au Japon à la fin du XIXe siècle. Ils furent alors modifiés de manière à inclure les caractéristiques des *wabocho* et devinrent les très pratiques couteaux à usage mixte *santoku bocho*, capables de trancher la viandes et les légumes : un type de couteau qu'on trouve aujourd'hui dans presque toutes les maisons japonaises.

Les couteaux produits par l'entreprise artisanale Masamoto Sohonten sont réputés pour le tranchant de leurs lames et leur facilité d'utilisation, qui en font des ustensiles de cuisine fiables tant pour les particuliers que pour les professionnels. Son premier propriétaire fut Minosuke au milieu des années 1880. Il avait auparavant étudié la coutellerie traditionnelle à Ōsaka et fut le premier à produire et vendre des couteaux de cuisine dans la région du Kantō. Son savoir-faire de forgeron s'est transmis à travers six générations jusqu'à aujourd'hui.

和包丁

和包丁は、片刃で食材を切った時に断面の組織が壊れにくく、切った食材が包丁についてきません。刺身を切れば、その断面がとても美しく仕上がります。魚をさばくなら「出刃包丁」、刺身を切るなら「刺身包丁」、野菜を切るなら飾り切りや細かい細工のできる「薄刃包丁」と、用途に応じて使い分けます。洋包丁はもともと肉を切るためのものですが、明治以後、日本でも使用されるようになりました。その後、和包丁の特性と組み合わさった、1本で肉も野菜も切れる便利な「三徳包丁」が生まれ、現在では家庭用として最も一般的な包丁となっています。

正本総本店が造る「登録・正本」の鋭い切れ味、使いやすさを追求した包丁は、家庭ではもちろん、プロの料理人にも絶大な信頼を得ています。「正本総本店」は江戸時代、刃物作りの本場、大阪にて修行を重ねた創業者の初代・巳之助が、関東で初めて本焼物の包丁を製造販売した歴史ある名店です。その技術は、現在まで6代にわたって受け継がれています。

Verres et plats miniatures en forme de fleurs de cerisier *sakura*

La fleur la plus emblématique du printemps au Japon est à coup sûr la fleur de cerisier, ou *sakura*. Dès l'époque de Heian, vers la fin du IXe siècle, la noblesse commença à organiser des pique-niques appelés *o-hanami* pour admirer les fleurs de cerisier et, à l'époque d'Edo, la coutume fut également adoptée par le reste de la population. Cet amour des *sakura* ne se limite pas au fait d'admirer les fleurs. Les fruits et les fleurs sont consommés, les pétales utilisés en teinturerie, le bois transformé en meubles et l'écorce travaillée par les artisans ou brûlée comme combustible. Les *sakura* ont un lien profond avec de nombreux aspects de la vie japonaise.

La marque Hiracle propose toute une gamme de petits plats en forme de fleur de prunier en porcelaine traditionnelle *Kutani-yaki*. Quand vous y versez de la sauce soja ou un autre liquide et que la forme de la fleur se dessine, c'est comme si celle-ci s'épanouissait sous vos yeux. Les plats miniatures *sakura mamezara* s'insèrent parfaitement dans les petits plats ronds, comme des pétales superposés, et ils peuvent être utilisés pour présenter des épices ou comme repose-baguettes. Une autre marque, « 100% », produit des verres à boire *Sakura-saku* qui apporteront les fleurs à votre table sous une forme liquide. La faible condensation qui s'accumule sous ces verres légèrement rosés, au fond en forme de *sakura*, crée des traces charmantes. Tous ces objets embelliront votre table et feront éclore des conversations plaisantes.

さくら小皿・さくらさくグラス

春を告げる花といえば桜。お花見は平安時代、貴族の間で始まり、江戸時代になって庶民にも広がりました。桜の花を愛でることはもちろん、花や実を食したり、花びらを染料にしたり、木自体を家具などの素材に用いたり、樹皮を細工物や燃料に使ったりするなど、桜は日本人の生活の様々な面でかかわりの深い花木です。桜が咲く前から開花予報を皆が気に留め、街には桜グッズがあふれます。

プロダクト・ブランド「hiracle」の「さくら小皿」は、お醤油や出汁などを注ぐと、パッと桜の花が浮かび上がる、日本の伝統工芸「九谷焼」のお皿です。「さくら豆皿」は小皿にすっぽり収まり、まるで重なる花びらのようで、薬味入れや箸置きとしても使えます。また、ブランド「100%」のさくらさくグラスは、グラスにできた水滴が卓上に桜の花を咲かせます。優しい桜色のグラスの底面が桜の花の形をしており、疎まれる結露をあえてそのままに、愛おしくさえ感じさせるのです。どちらも食卓を華やかに彩り、会話も盛り上がるでしょう。

hiracle ／ hiracle　　*100 percent* ／ 100 percent

Corbeilles souples en étain

Cette élégante corbeille en étain Kago produite par Nousaku, établi à Takaoka, dans la préfecture de Toyama, en 1916, peut prendre la forme que vous souhaitez. Elle est composée à 100 % d'étain. Comme ce matériau est souple et malléable, on peut aisément la plier à la main. Cela est possible grâce aux techniques de fonte transmises depuis plus de 400 ans par les fabricants de produits en étain de Takaoka. On appelle « cri de l'étain » le craquètement que produit cette corbeille quand on la plie et qui résulte du frottement des éléments contenus dans le métal. La série Kago offre différents motifs, de rose comme sur l'image, ou encore de dahlia ou de fleur de lotus. On peut en faire des corbeilles à fruits et à bonbons, en recourbant les côtés vers le haut, ou encore les utiliser pour l'arrangement floral. Appréciez ces superbes objets et donnez-leur la forme de votre choix.

曲がる錫のかご

1916年に創業した富山県高岡市の「能作」が作り出す、自由自在に曲げられる美しい錫のかご。能作の錫は純度100%で柔らかいという特性があるため、手の力だけで形を変えることができます。これは、高岡で400年受け継がれてきた高度な鋳造技術をもっている鋳物メーカーだからこそ、作ることができたものです。かごを曲げる時のピキピキという音は、錫の分子が擦れ合う音で、Tin Cry（錫鳴き）と呼ばれています。バラの花をかたどったこのKAGOシリーズには、他にもダリアやロータスなど、様々なモチーフの種類があります。高さをつけて果物やキャンディを入れたり、フラワーアレンジメントや器と組み合わせたり、用途に応じて引っ張ったり曲げたりすることで好きな形にアレンジできる、華やかで楽しいプレートです。

Service à thé de voyage

Même en voyage, rien n'est plus agréable que de prendre le temps de déguster une tasse de thé vert en plein air. C'est dans cette idée que Kihara, qui produit de la céramique *Arita-yaki*, a développé ce service à thé portable appelé *Tabi Mochi Chaki*, littéralement : « un service à thé que vous pouvez emporter en voyage ». Avec ses quatre siècles d'histoire, la céramique *Arita-yaki* est admirée aussi bien au Japon qu'à l'étranger, et aujourd'hui Kihara lui insuffle une nouvelle vie avec ce design innovant.

La théière *kyusu* et les deux tasses sont d'un blanc bleuté presque translucide et s'accompagnent d'une boîte à thé, d'un torchon et d'un sac à cordelette. Bien qu'il s'agisse d'un service de voyage, il y a une passoire à thé de bonne taille et des tasses bien proportionnées. Il vous est ainsi possible d'apprécier une tasse de thé vert délicieux et à votre goût même si vous êtes à l'extérieur.

Rangez-le ensuite en mettant tout simplement les tasses dans la *kyusu* et en posant le couvercle par-dessus à l'envers. La boîte à thé vient s'emboîter exactement dans le couvercle. Enveloppez alors l'ensemble dans le torchon et placez-le dans le spacieux sac à cordelette en coton et chanvre pour le protéger. Ce système de rangement ingénieux et élégant possède une authentique touche japonaise.

旅持ち茶器

旅先でも、アウトドアで美味しいお茶を淹れて、ほっとする時間を作りたい。その想いを実現すべく考えられたのが、有田焼を扱う「KIHARA」の携帯用茶器セット「旅持ち茶器」です。400年の伝統を持ち、国内だけでなく海外でも広く愛されてきた「有田焼」の新しい形を追い求めて、「KIHARA」はプロダクトデザインしています。

有田焼の透き通るような青白磁の急須と湯呑み2点に、茶缶と茶巾、巾着袋がセットになっています。携帯用といっても急須の茶こしは大きく、湯呑みも小さすぎないところが良いところ。外でもたっぷりと美味しいお茶がいただけます。

収納の際は、急須の中に湯呑みを入れて蓋を逆さにし、その上に茶缶を乗せると、すっきりと上部が平らになります。また、茶巾で包み、ふっくらと綿の入った麻の巾着袋に収められるので安心です。包んですっきりと収納できる形と工夫が、とても日本らしい感じがします。

Verres à boire *Edo kiriko*

On dit que le travail du verre *Edo kiriko* a débuté au milieu du XIXe siècle, à la fin de l'époque d'Edo, quand on a commencé à embellir le verre dans le quartier d'Odenmacho à Edo, l'actuel Tōkyō. La façon dont leurs motifs charmants émergent à contre-jour et la translucidité du verre coloré en font des produits uniques.

On a tout particulièrement envie de les utiliser en été. Boire du saké dans un élégant verre à saké *kiriko* donne un véritable sentiment de luxe. Bien qu'au milieu des années 1960 le nombre d'artisans d'*Edo kiriko* fût d'environ sept cents, il n'en reste plus aujourd'hui que cent. On compte parmi eux Toru Horiguchi, Shuseki de la troisième génération, qui maintient cet artisanat traditionnel en vie. Shuseki est le nom de succession donné aux artisans de l'entreprise de verrerie Horiguchi Glass, fondée en 1921.

Outre les couleurs et motifs traditionnels, les techniques modernes ont été intégrées dans ces verres pour créer des dessins qui apparaissent quand la lumière produit des ombres ou quand les verres sont remplis. Cette combinaison de traditions transmises et de recherche d'une beauté originale rend ces objets très attractifs. L'avenir du verre *Edo kiriko* s'annonce brillant !

江戸切子

江戸時代後期、江戸大伝馬町でガラスに彫刻を施したのが、「江戸切子」の始まりと言われています。光に照らされると美しい文様が浮かびあがる、色ガラスの透明感が特徴です。

特に、夏になると使いたくなり、美しい切子の酒器で飲むお酒はとても贅沢に感じます。昭和40年代には700人ほどの職人がいたと言われていますが、現在は約100人になっています。伝統を受け継ぐ江戸切子職人の中でも注目したいのが、三代秀石（しゅうせき）の堀口徹氏です。「秀石」とは、1921年創業の「堀口硝子」に代々伝わる切子職人の名跡です。

色や伝統的な文様だけでなく、現代の日常でも使える工夫や、照明があたった時に映る陰影、注がれたお酒に反射して浮かび上がる模様など、伝統を受け継ぎながらも独自の美しさを追求しているところが魅力です。これからも進化していく江戸切子が楽しみですね。

Chapitre 3

Style de vie

暮

Boîtes de couture et boîtes en forme d'œuf en paulownia

À une époque au Japon, les femmes ne pouvaient se marier si elles n'étaient pas capables de coudre un kimono correctement. Posséder une boîte à aiguilles produite par le spécialiste des boîtes en paulownia Hakotou Shoten, fondé en 1891 à Kyōto, a quelque chose de rassurant.

Le bois léger du paulownia résiste aux flammes et aux insectes, et « respire » très bien, ce qui en fait depuis longtemps un matériau de choix pour le rangement des kimonos et des vêtements dans un pays aussi humide que le Japon. Conserver aiguilles et ciseaux dans cette boîte en paulownia permet de les préserver au maximum de la rouille en évacuant l'humidité. Les superbes lignes dessinées par le grain du bois s'associent à de charmants motifs, soigneusement peints à la main par des artistes de *nihonga* de Kyōto, qui représentent des fleurs de cerisier et des collections de trésors. Ces combinaisons expriment la chaleur du travail manuel qui a permis de créer ces pièces. Celles-ci sont vendues avec un choix d'épingles de différents types et une cordelette *Sanada himo* pour fixer le couvercle.

Hakotou Shoten commercialise également des boîtes en forme d'œuf très attractives, si habilement fabriquées et bien emboîtées que vous vous demanderez comment les ouvrir. C'est un cadeau populaire pour les parents d'un nouveau-né, qui y placent le cordon ombilical. Elles conviennent très bien aussi pour ranger des pilules ou de petits accessoires.

桐のお針箱・たまご箱

日本では、女性が着物1枚まともに縫えないと、お嫁に行けなかった時代がありました。京都で明治24年（1891年）に創業した、桐箱専門店「箱藤商店」のお針箱が一つあると安心です。

桐は軽く、防虫効果や耐火性、通気性に優れているので、高温多湿の日本では、昔から着物や衣類の収納に使われてきた素材です。お針箱として用いると、湿度を発散させるので、針やはさみがさびにくくなります。木目が美しいだけでなく、京都の日本画絵師が丁寧に描きあげた桜や宝尽くしの絵柄は愛らしく、手仕事のぬくもりも感じられます。針山も、箱にかける真田紐も、数種類の中から選べます。

また、可愛らしいフォルムのたまご箱は、どこから開けるのかわからないほど、箱が美しく閉まります。出産祝いにへその緒入れとして、またピルケースやアクセサリーケースとしても喜ばれます。

WEDDING
INVITATION

Cordons décoratifs *mizuhiki*

Depuis les temps anciens au Japon, lorsque l'on fait un cadeau de félicitations ou de condoléances, la tradition veut que l'emballage ou l'enveloppe soit orné d'un cordon *obihimo* formant une bande autour de l'objet.

La ville d'Iida, dans la préfecture de Nagano, fut jadis le lieu d'une production florissante de cordons *mottoi* pour nouer les cheveux. Ces cordons étaient fabriqués en *koyori*, une sorte de cordelette de papier torsadé, souvent utilisée pour attacher les chevelures féminines ou serrer la base du chignon des samouraïs. Avec la publication sous la restauration de Meiji de l'Édit sur la tonte des cheveux, qui encourageait les samouraïs à couper leur chignon, et avec l'introduction des vêtements occidentaux, les cordons *mottoi* tombèrent en désuétude ; aussi les artisans appliquèrent-ils leur savoir-faire à la création de cordons décoratifs *mizuhiki*, destinés à maintenir en place les emballages en papier. Mizuhiki-ya Ohashi Tanji, fondé en 1868, perpétue cette technique traditionnelle depuis plus de cent cinquante ans.

Les *mizuhiki* utilisés pour les célébrations sont rouge et blanc ou argent et or, tandis que pour ceux des condoléances on utilise 3, 5, 7 ou 10 cordons noirs et blancs ou argent (jaunes et blancs dans le Kansai). Il existe différentes façons de les nouer, avec chacune un sens différent, et le choix de l'une d'entre elles dépend de l'occasion.

Le nœud *awaji-musubi* compte parmi les plus courants et il peut servir de base pour créer un nœud en fleur de prunier, *ume-musubi*. Ces nœuds symbolisent les liens puissants et la conjuration du mal, ce qui en fait des signes de bon augure.

水引

日本では古来、ご祝儀や不祝儀の際に、贈答品の包み紙や封筒に帯紐を飾りました。

長野県飯田市はかつて、女性の日本髪や侍のまげの根元を束ねる紙縒(こより)である「元結(もっとい)」作りが盛んでした。明治維新の断髪令と洋装化で使われなくなると、職人たちは元結の技術を引き継いで、進物の包み紙などを結ぶ「水引」を生産するようになりました。明治元年（1868年）に創業し、150余年の歴史を持つ「水引屋大橋丹治」は、その技術を今に伝えています。

水引は、慶事には紅白・金銀の色を、弔事には白黒・銀（関西では黄白）を3、5、7、10本で結びます。さまざまな結び方や意味合いがあり、場面ごとに使い分けます。

「あわじ結び」は基本の結び方で、これを応用したものが5つの花弁の梅の花をかたどった「梅結び」です。固く結ばれた絆や魔よけの意味もあり、縁起の良い結び方です。

Comment faire des nœuds avec des cordons décoratifs en *washi mizuhiki*

Les cordons décoratifs *mizuhiki* permettent de faire une grande variété de nœuds ornementaux. Voici la méthode à suivre pour deux des plus courants – le nœud en ormeau *awaji-musubi* et le nœud en fleur de prunier *ume-musubi*. Le premier sert de base au second.

水引の結び方

水引の結び方には、たくさんの種類があります。ここでは、基本中の基本である「あわじ結び」と「梅結び」をご紹介します。あわじ結びをベースにして、梅結びを作ることができます。

Nœud en ormeau *awaji-musubi* / あわじ結び

1 Prenez 3 cordons *mizuhiki*. Pressez-les entre vos doigts et tirez pour les détordre.
2 Faites une boucle en plaçant le côté droit des cordons au-dessus du gauche et tenez-les en place au point de jonction.
3 Avec les cordons qui partent à gauche à l'étape 2, formez une boucle supplémentaire.
4 Maintenez les cordons là où ils se chevauchent pour garder la forme.

1 水引を３本用意します。指でつまんでよくしごき、クセを直します。
2 左側の上に右側を重ねて輪を作り、重なった部分を押さえます。
3 2で左側に流した水引でもう一つ輪を作ります。
4 重なった部分を押さえると、形が崩れません。

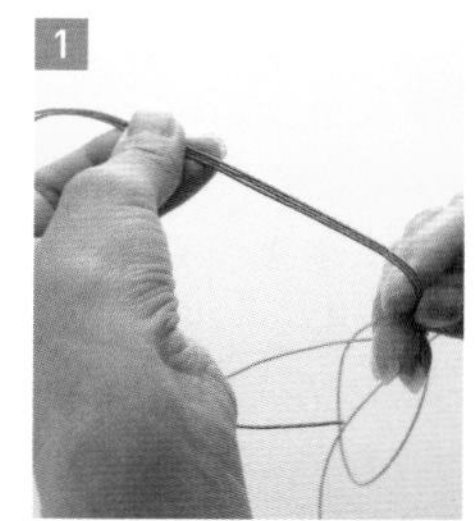

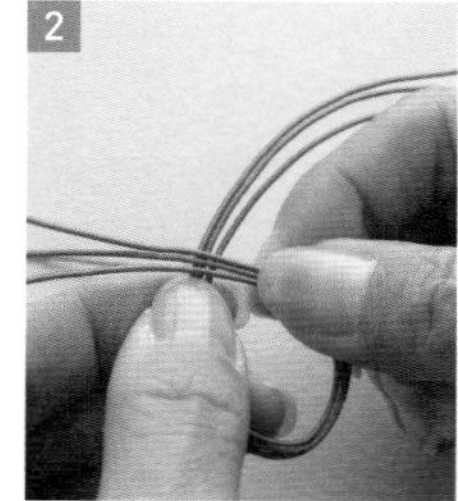

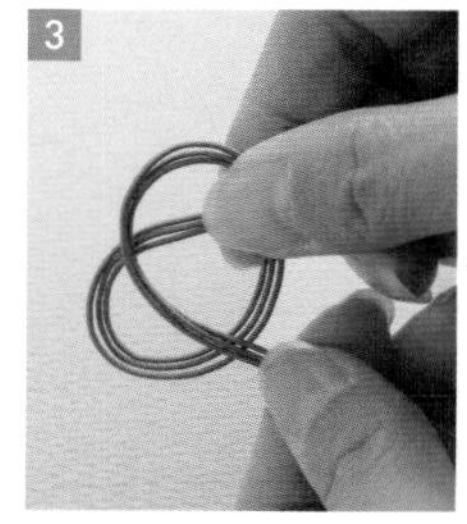

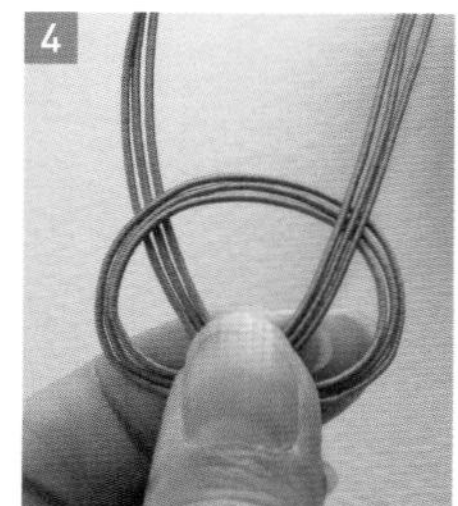

5 Prenez les cordons partant à gauche et placez-les au-dessus de ceux de droite, avant de passer dans la boucle la plus à droite par en dessous.
6 Ensuite, passez-les dans la boucle centrale par au-dessus.
7 Puis, passez dans la boucle de gauche par en dessous.
8 Resserrez les cordons et arrangez la taille et la forme du nœud. Le nœud *awaji-musubi* est terminé !

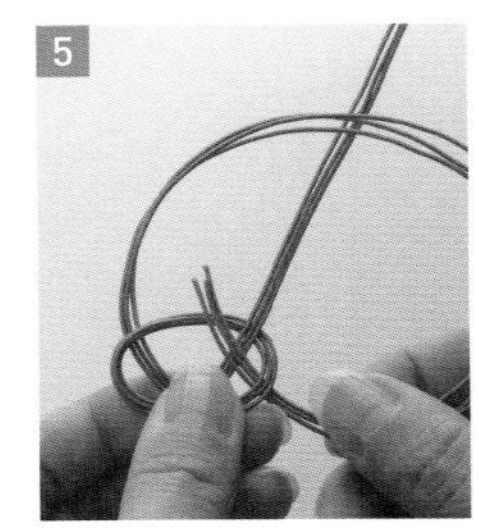

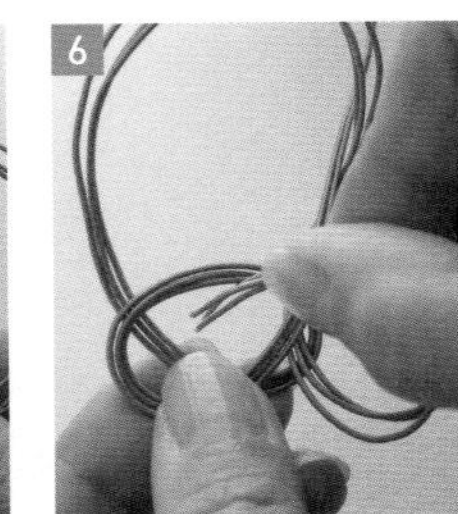

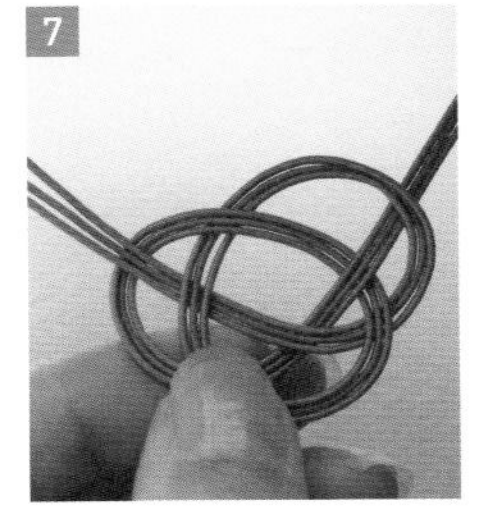

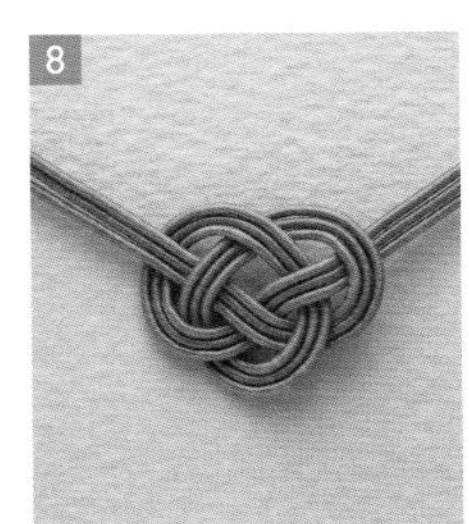

5 左側に流した水引を、右側の水引の上に重ね、端を一番右側の輪に下から通します。
6 次に、真ん中の輪に上から通します。
7 さらに、一番左の輪に下から通します。
8 水引を絞り、大きさと形を整えます。あわじ結びの完成です！

Nœud en fleur de prunier *ume-musubi* ／梅結び

9 À la suite de l'étape 8, passez les cordons partant à gauche dans la boucle centrale par au-dessus.
10 Prenez les cordons partant à droite et passez-les dans la boucle du haut à gauche par au-dessus.
11 Puis, tirez sur les cordons et arrangez la taille et la forme des boucles.
12 Un nœud *ume-musubi* complet !

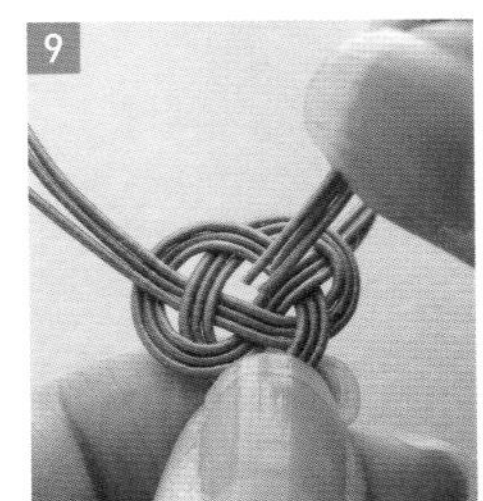

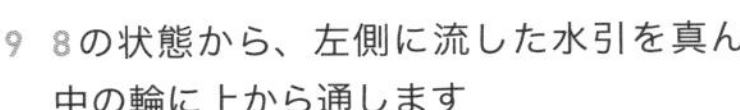

9 8の状態から、左側に流した水引を真ん中の輪に上から通します
10 右側に流した水引を、左上の輪に上から通します。
11 水引を引き締め、輪の大きさと形を整えます。
12 梅結びの完成です！

Carillons à vent en bambou *suruga takesensuji zaiku*

Au pic de l'été, si, alors que vous marchez au soleil, vous entendez le faible tintement d'un carillon à vent, vous avez immédiatement l'impression de sentir une légère brise rafraîchissante, qui vous soulage de la chaleur. De même que le chant des cigales annonce le milieu de l'été, le son des carillons à vent, au Japon, est représentatif de cette saison. Par le passé, quand il n'y avait pas de climatisation, les gens utilisaient divers moyens pour se procurer une impression de fraîcheur, comme *uchimizu*, la pulvérisation d'eau dans les rues, et les carillons à vent suspendus.

Suruga takesensuji zaiku est une forme élaborée du travail du bambou qui est née à l'époque d'Edo, quand des artisans ont commencé à fabriquer des chapeaux tressés et des cages à insectes avec de très fines bandes de bambou. *Takesensuji* signifie littéralement « 1 000 brins de bambou », c'est-à-dire le nombre de brins censés composer la largeur d'un tatami (environ 90 cm). On associe à ces objets en bambou le son rafraîchissant d'une cloche de style *nambu* pour créer un carillon à vent qui peut être utilisé aussi bien à l'intérieur qu'à l'extérieur. Toutes les parties de ces carillons sont faites à la main par des artisans qualifiés.

Pour apprécier ce carillon à l'intérieur, placez-le dans une pièce bien ventilée. Comme le son ne s'entend pas de dehors, vous pouvez également l'écouter la nuit. La forme complexe du bambou et le délicieux tintement de la cloche charment à la fois les yeux et les oreilles, vous donnant une sensation de fraîcheur et de détente.

駿河竹千筋細工の風鈴

盛夏の陽射しにクラクラしながら歩いていると、どこからか「チリン、チリン」と風鈴の音が聞こえ、ふっと風を感じて暑さがやわらぎます。蝉の声を聞くと本格的な夏の到来を感じるのと同様に、風鈴の音色もまた日本の夏の風物詩です。日本ではクーラーがなかった時代には、打ち水をしたり、風鈴を吊り下げたり、いろいろな工夫をして涼を感じていました。

「駿河竹千筋細工」は、江戸時代に編み笠や虫かごから発展した、細い竹ひごを組み立てた繊細な竹細工です。畳の幅三尺（約90cm）に1000本の竹ひごが並ぶとして「千筋」と呼ばれています。その繊細な竹細工に、涼しげな音色の南部風鈴を組み合わせた室外用と室内用の風鈴は、どちらも熟練した職人の手作りです。

室内用は風通しの良いお部屋に置いて楽しむことができ、夜間は外に音が漏れず安心です。繊細なフォルムと南部風鈴の美しい音色は、目にも耳にも清涼感を与えてくれます。

Takekobo Hanabusa ／ 竹工房はなぶさ

Papier *Kyo karakami*

On appelle *karakami* un type de papier orné de motifs qui fut introduit de la Chine des Tang au Japon au VIIIe siècle, à l'époque de Nara. Durant l'époque de Heian qui suivit, il fut utilisé sur les panneaux coulissants *fusuma* dans les demeures aristocratiques. Au XVIIIe siècle, il s'était répandu jusque dans les foyers ordinaires. Les artisans gravent les motifs profondément dans des blocs de bois et y frottent diverses matières comme du mica, de la craie et des pigments avec la paume de la main pour créer les impressions du *karakami*, qui donnent une sensation de douceur. Les motifs reflètent le sentiment des gens qui les utilisent, ainsi que le rôle de la pièce dans laquelle ils sont utilisés ; aussi existe-t-il une grande variété de styles pour la noblesse, les sanctuaires et les temples, les cérémonies du thé et les maisons individuelles. C'est un art respecté qui a été longtemps soutenu par les temples, les sanctuaires, les maisons de thé et les restaurants japonais traditionnels appelés *ryōtei*.

Ce *Karakami kit* offre un motif authentique utilisé dans les intérieurs de temples, sanctuaires et auberges *ryokan* réputées, et provient de la collection de motifs de la société Kyo Karakami Maruni. Avec ce kit, vous pouvez créer votre propre carte de vœux à la main. Les dessins sur les blocs de bois sont tous d'authentiques motifs de la collection Maruni qui ont été développés et gravés à une échelle plus petite pour obtenir un motif de *karakami* miniature. Le bloc est en magnolia, tout comme les blocs originaux, et le matériel de peinture est authentique lui aussi.

京唐紙

「唐紙(からかみ)」とは、中国の唐から奈良時代に伝わった細工紙のことです。平安時代に貴族の住居の襖障子に使われ始め、江戸時代中期には一般庶民の住居に使われるようになりました。版木の絵柄は深く掘ってあり、雲母(きら)や胡粉、顔料などをのせ手のひらで摺るので、出来上がりにどこか柔らかさを感じます。文様は使う人々の感覚や、部屋の役割などによって公家好み、寺社好み、茶方好み、町家好みなどの種類があり、寺院、茶室、料亭などの需要に支えられてきました。

この「KARAKAMI KIT」は、有名な寺社や旅館の内装を手がけてきた「京からかみ 丸二」が扱う伝統文様を、自分の手でメッセージカードに摺り上げられるキットです。キットの文様は、すべて丸二が所有する版木文様を縮小して彫り上げた、現存するからかみ文様のミニチュア版です。版木も実物と同じ朴の木で、絵具も実際に使用する素材が用いられています。

Savon indigo *ai-zome*

L'indigo est l'une des plus anciennes teintures végétales du Japon, où il aurait été introduit de Chine au VIe siècle. La teinture à l'indigo était utilisée pour les pourpoints matelassés portés sous les armures des samouraïs, les sous-vêtements des courtisans, les habits des paysans, les pantalons de travail des femmes et les chaussettes *tabi*. Teindre un tissu avec de l'indigo renforce les fibres, améliore l'isolation et protège contre les éruptions cutanées. Il a d'excellentes propriétés de répulsif anti-insectes et de déodorant.

Le savon *ai-zome* de l'atelier Aiiro Kobo est fabriqué avec de l'indigo de la préfecture de Shimane, une région qui en produit beaucoup. Les plantes dont la teinture est extraite sont cultivées dans des fermes et les feuilles sont récoltées au milieu de l'été. L'indigo peut également être utilisé comme herbe médicinale à usage interne ou externe, aussi ses propriétés en matière de santé et de beauté font-elles l'objet d'un intérêt croissant. Les ingrédients naturels sont soigneusement sélectionnés, sans composants synthétiques ni dérivés du pétrole : ce savon est donc doux pour la peau. Le beau contraste formé par ses couleurs suffira par lui-même à donner un aspect frais et engageant à votre salle de bain. Appréciez les bienfaits de la riche nature japonaise avec ce savon.

藍染め石けん

藍は日本最古の植物染料の一つで、6世紀に中国から日本に伝わったとされています。藍染めは武士の鎧下(よろいした)や花魁の肌着、野良着、もんぺ、足袋などに用いられてきました。これは藍で布を染めることによって、糸そのものを強くして冷えや肌荒れを防ぎ、防虫・消臭抗菌効果も高まるからです。

「藍色工房」の「藍染め石けん」は、特産地である徳島県産の藍で作られています。自社農園で大切に育てた藍のエキスに使用しているのは、真夏に刈り取る藍の葉の部分です。藍は染料としてだけでなく、「藍葉(らんよう)」という生薬として外用・内服の両方で利用することができ、美容と健康への効果から注目を浴びています。合成化学成分や石油由来成分を一切使わず、自然素材を厳選し、肌に負担をかけないよう丁寧に作り上げられています。色のコントラストも美しく、洗面台に置いてあるだけで目に鮮やか。日本ならではの自然の恵みを配合した石けんです。

Boîtes à cartes de visite *Ise-katagami*

Ise-katagami est un artisanat traditionnel de fabrication de pochoirs en papier dans lequel des couches de papier *washi* assemblées avec de la colle extraite du plaqueminier comportent des motifs découpés à la main. Ces pochoirs étaient utilisés pour teindre des motifs sur le tissu des kimonos. Bien que leur origine ne soit pas claire, ils remontent à plus de mille ans et ont longtemps joué un rôle essentiel dans l'évolution et le processus créatif des motifs et dessins japonais. À la fin de l'époque Meiji, vers les années 1880, l'*Ise-katagami* fut introduit dans plusieurs pays occidentaux, et il eut une influence sur l'Art nouveau en France.

L'entreprise Okoshi Katagami fut fondée à Suzuka, dans la préfecture de Mie, en 1924, et elle a créé depuis des dizaines de milliers de pochoirs. Chaque pochoir implique quatre techniques différentes et, comme il est difficile de les maîtriser toutes, chaque artisan se spécialise dans une seule technique. Ces boîtes à cartes de visite portent des motifs d'*Ise-katagami* imprimés au dos à l'aide d'un marquage laser spécial. La boîte elle-même est faite en duralumin et produite par Gild Design ; ces boîtes sont donc le fruit de la rencontre entre techniques artisanales traditionnelles et technologie de pointe. L'équilibre exquis entre beauté fonctionnelle et durabilité, ainsi qu'un sens aigu du design, font de ces boîtes de véritables œuvres d'art.

伊勢型紙文様の名刺ケース

「伊勢型紙」は着物の図案を染めるため、和紙を柿渋で加工した型紙に文様を手彫りしたものです。その起源は諸説ありますが、1000年も昔にさかのぼるともいわれ、長きにわたる日本の文様・意匠の進化や創造過程において、型紙は欠かせない存在です。明治末期には、伊勢型紙は欧米に渡り、フランスの「アール・ヌーヴォー」などにも影響を与えました。

三重県鈴鹿市の「オコシ型紙商店」が大正13年（1924年）の創業以来、作りためてきた型紙は約数万点にも上ります。型紙の彫刻技法は4種類あり、一人の彫刻師が複数の技法を習得するのは困難なため、各々の技法専門の職人がいます。こちらは伊勢型紙の文様を、特殊レーザーマーキングによって背面に刻印した名刺ケース。ケース本体はギルドデザイン社のジュラルミンを削り出したもので、伝統工芸の技術とハイテク技術のコラボレーションによる一品です。機能美と強度のバランスも絶妙で、デザイン性の高さはまさにアートです。

Autel shintō *kamidana*

Depuis les temps anciens au Japon, la tradition veut que l'on se rende au sanctuaire pour marquer les étapes importantes de la vie. De petits autels shintō *kamidana* étaient également aménagés dans les foyers et les gens priaient devant ces autels matins et soirs.

Ce *kamidana* miniature a été produit par l'équipe d'artisans *moconoco*, basée à Iwaki, dans la préfecture de Fukushima. Il a été conçu après le séisme et le tsunami du Tōhōku du 11 mars 2011, lorsque les artisans ont commencé à fournir des tables basses aux survivants du désastre, afin que les familles puissent avoir le plaisir de manger ensemble. Ils entendirent alors les gens dire qu'il était impossible d'installer un *kamidana* dans les étroits logements temporaires mis à leur disposition ; aussi créèrent-ils cet objet pour y remédier. Le concept de ce *kamidana* reste le même, c'est-à-dire permettre aux gens de créer un espace au sein de la famille où seront tenues les prières et les grâces quotidiennes. Son but est d'apporter un réconfort spirituel.

Les *kamidana* habituels sont construits comme de petits sanctuaires ; cependant, celui-ci a une forme simple, plate. Ces objets en cyprès japonais de culture locale, régulièrement utilisés pour des rituels shintō, au design blanc stylé, conviennent très bien également aux appartements et aux magasins qui n'ont pas de pièce de style japonais. Ils sont parfaits pour les personnes qui n'ont même pas la place d'installer un *kamidana* modeste, de même que pour les Japonais vivant à l'étranger.

神棚

日本では古くから、節目ごとに神社にお参りし、家庭には神棚が祀られ、朝夕に手を合わせる姿も見られました。

この簡易神棚をつくっているのは、福島県いわき市の木工職人集団「moconoco（もこのこ）」。東日本大震災（2011年）の後、一家団欒の象徴でもある「ちゃぶ台」を被災者に届ける活動の中で、仮設住宅には神棚を祀る場所がないという声をきっかけに生まれました。神棚の思想はそのままに、家庭の中でお祈りと日々の感謝ができる場所を作り、心の拠り所にしてほしいという思いが込められています。

一般的な神棚は「宮型（みやがた）」という小さい神社の形をしていますが、この簡易神棚は平面的でシンプルな形です。素材は神事などに用いられる国産ヒノキで、白いスタイリッシュなデザインは和室のないマンションや店舗にも馴染みます。神棚を置く場所がない方や、海外在住の方にもおススメです。

Le bougeoir est produit par Ishikawa Glass Kogeisha, dans la préfecture d'Okayama.

Bougies *wa rosoku*

Les bougies *wa rosoku* sont utilisées principalement dans les sanctuaires et les temples, aussi n'est-ce pas un objet courant chez les particuliers. Daiyo, maison fondée en 1914 dans la préfecture de Shiga, perpétue l'art de fabriquer des bougies depuis quatre générations, avec le désir de permettre aux gens d'intégrer la lumière des *wa rosoku* dans leur quotidien. Cette bougie est une *haze rosoku* faite exclusivement avec de la cire extraite des baies de l'arbre à cire *haze* ; c'est donc un produit respectueux de l'environnement et doté d'une teinte naturelle séduisante. Il n'y a que dix artisans environ de par le monde qui ont l'expérience de la confection de ce type de bougies, et ils fabriquent habilement chaque pièce à la main. Les mèches des *wa rosoku* doivent être coupées pour que la flamme garde une taille contrôlable et on se sert de ciseaux spéciaux pour rogner la mèche brûlée. Cette action de rogner et protéger la flamme de la chandelle vous fait comprendre de l'intérieur le rapport ancien des Japonais au feu et à la nature.

Lorsque vous voyez le scintillement, la force et l'éclat d'une *wa rosoku* allumée, vous comprenez clairement en quoi elle diffère d'une bougie occidentale. Ce rayonnement splendide et éthéré est une chose que chacun devrait expérimenter.

和ろうそく

「和ろうそく」というと、神社や寺院などで使われることが多く、一般家庭にはあまり馴染みがないようです。大正3年（1914年）に滋賀県で創業した「大與」は、和ろうそくの灯が人々の暮らしに寄り添うようにと、現在の四代目にいたるまで技術を継承してきました。この「櫨ろうそく」は、櫨という木の実から搾った櫨蝋のみを用いて作るので、環境にやさしく、自然の色合いが魅力です。世界でも10人ほどしかいない熟練の職人が、一本一本手作りで仕上げています。和ろうそくには「芯切り」という所作があり、燃え進んで炭化した芯を「芯切りばさみ」でちぎることで、炎の大きさを調節します。芯切りをしながら「火をお守りする」というひと手間には、古くから日本人が火といかにつきあってきたかという、自然との向き合い方が表れています。

和ろうそくの炎のゆらぎ、強さ、明るさを見ると、西洋キャンドルとは違うことがはっきりわかります。その美しい幽玄の灯を体感してほしいものです。

Comment rogner la mèche d'une bougie *wa rosoku*

Les bougies japonaises *wa rosoku* diffèrent des bougies occidentales en ceci que leur mèche doit être rognée pour que la flamme reste contrôlable. Si la bougie brûle trop longtemps, la mèche calcinée devient trop longue, créant une flamme de plus en plus grande. Rogner la mèche contrôle la flamme et la laisse briller plus intensément. Prenez garde à utiliser des ciseaux à mèche ou une pince coupante appropriée.

和ろうそくの使い方

「芯切り」は西洋ろうそくにはない、和ろうそくの特徴であり、火を見守るためには欠かせない作業です。時間が経過すると炭化して燃え残った芯が長くなり、炎がとても大きくなります。その芯を切ることで、炎の大きさが整い明るくなります。芯切りをするときは専用の芯切りばさみ、またはピンセットを使いましょう。

Comment utiliser une *wa rosoku* ／ 和ろうそくの使い方

1 Plus une bougie *wa rosoku* brûle, plus la mèche s'allonge.

和ろうそくを灯していると、燃え残った芯が長くなります。

2 Quand la mèche commence à dépasser de la flamme, il est temps de la rogner.

芯が炎からはみ出した時が芯切りのタイミングです。

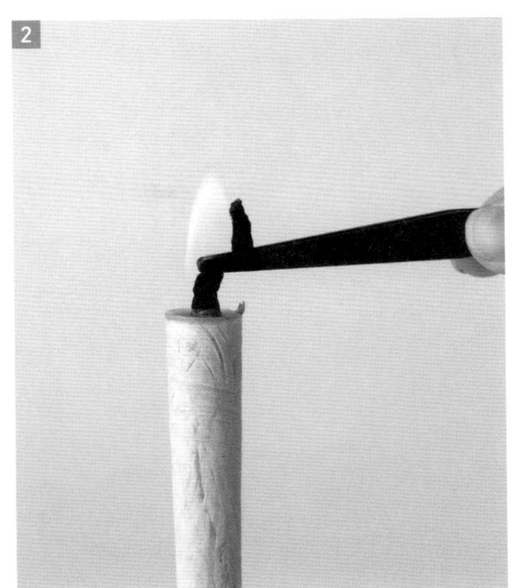

3 Coupez la mèche avec des ciseaux à mèche. Bien que cela puisse dépendre de la taille de la bougie, il est recommandé de couper la mèche à la longueur qu’elle avait avant que la bougie ne soit allumée. Placez la rognure dans un cendrier ou autre récipient non inflammable.

芯切りばさみで伸びた芯を切ります。ろうそくの大きさにもよりますが、火をつける前の芯と同じ長さを残します。切り取った芯は、灰皿など不燃性の容器に入れます。

Brosses à récurer *kamenoko tawashi*

Au Japon, les brosses à récurer rondes que l'on tient dans la main sont couramment appelées *tawashi*. Il s'agit en réalité d'un nom de marque de la société Kamenoko Tawashi Nishio Shoten, fondée en 1907. Des tout débuts de la société jusqu'à aujourd'hui, la conception, la forme et la (bonne) qualité des brosses sont restées les mêmes. Depuis la fondation, les techniques de fabrication ont été maintenues vivantes par le travail des artisans, ce qui a permis à l'entreprise de remporter le Good Design Long Life Design Award 2013. Bien qu'il existe un nombre stupéfiant de produits de nettoyage au Japon, c'est vers cet article que les Japonais se tournent dans leur amour du nettoyage, et cela démontre à quel point la *tawashi* est un ustensile parfait.

La *kamenoko tawashi* est en fibres de palmier et peut être utilisée pour nettoyer de nombreux ustensiles de cuisine. Du fait de leur relative raideur, les *tawashi* conviennent aussi pour brosser la terre et gratter la peau fine de légumes racines tels que le radis *daikon*, la racine de bardane ou celle de *taro*. En dehors de la cuisine, on peut également s'en servir pour nettoyer les tapis.

亀の子束子

日本において「亀の子束子」は、「たわし」を総称した一般名詞だと思われているほど有名です。しかし実は、明治40年（1907年）創業の歴史ある会社「亀の子束子西尾商店」の登録商標なのです。そして、亀の子束子の1号型は、なんと明治、大正、昭和、そして平成の現在まで、同じ名前、同じ形、同じ品質なのだといいます。創業以来、その製造技術は職人の手で守られ続け、2013年にはグッドデザイン・ロングライフデザイン賞まで受賞しました。特に日本では、驚くほどたくさんの種類の掃除グッズが並ぶ中、きれい好きな日本人に愛され続けてきたことは、この束子がいかに道具として完成されているかということを物語っています。

亀の子束子はヤシの実の繊維でできていて、多くの調理道具を洗うのに適しています。また、適度な硬さがあるので、大根やごぼう、さといもなど根菜類の泥を落としたり、薄皮を剥いたりと、お料理の下ごしらえにも便利です。キッチン以外では、カーペットの掃除にも使うことができます。

Cierges magiques *senko hanabi*

Les cierges magiques *senko hanabi* ont plus de trois cents ans d'histoire. Quand on les allume, une petite boule de feu semblable à un bourgeon se développe à leur extrémité, avant de projeter des étincelles qui s'ouvrent comme une grande pivoine. Les étincelles deviennent plus fines et plus vives, semblables à des aiguilles de pin, puis commencent à diminuer. Pour finir, elles tombent tels des pétales de chrysanthèmes. Ce sont les quatre stades de beauté que vous pouvez apprécier avec un seul *senko hanabi*.

De nos jours, il n'y a plus que deux entreprises au Japon qui fabriquent ces cierges magiques, l'une d'elles étant Tsutsui Tokimasa, spécialisée dans les feux d'artifice. La hampe du *senko hanabi* s'orne d'un pétale de fleur teint avec un colorant naturel et, lorsque ces cierges sont disposés côte à côte, on dirait un magnifique bouquet. Elle est également la seule au Japon à fabriquer des cierges magiques *subote botan*, jadis populaires dans la région du Kansai. Leurs hampes sont confectionnées avec de la paille car la riziculture est florissante dans cette région et la paille y est abondante. Dans la région du Kantō, les cierges magiques en *washi* étaient plus populaires, d'où les *nagate botan*, qui contiennent de la poudre enveloppée dans le *washi*. Ces derniers sont devenus aujourd'hui les *senko hanabi* standard dans tout le pays. Avec seulement 0,1 g de poudre, ces objets traditionnels japonais ont une beauté éphémère qui donne un vrai sentiment de *wabi-sabi*.

線香花火

「線香花火」は300年以上の歴史を持ちます。火をつけると先端に火の玉の「蕾」が膨らんでいき、やがてはじける火花は華やかな大輪の「牡丹」のよう。火花がより激しく細くなって「松葉」を思わせ、次第に下火になり、最後に火花が落ちていく「散り菊」と、１本の線香花火には４段階の美しさがあります。

現在日本に２社しか残っていない、国産線香花火の製造所の一つが「筒井時正玩具花火製造所」です。持ち手が天然染料の花びらに仕上げられた「花」は、集めると見た目にも美しい花束のようです。また、昔懐かしい玩具花火も守り続けています。米作りが盛んで藁が豊富にあった関西で親しまれてきた、藁が持ち手の「スボ手牡丹」を製造しているのは、国内ではこの製造所だけです。紙すきが盛んだった関東では、和紙に火薬を包んだ「長手牡丹」が作られ、やがてスタンダードとなって全国に広がっていきました。わずか0.1gの火薬に込められた日本の伝統に、わび・さびが感じられます。

黒松

Mini-bonsaïs

Bon signifie « pot » et *sai* « plante », et les deux combinés forment le mot *bonsai*. Planter un arbre dans un pot et le faire pousser de manière à ce qu'il devienne une version miniature d'un arbre adulte est une pratique populaire au Japon et au-delà des mers. Au fil du temps, la culture d'un bonsaï, si petit qu'il soit, réclame savoir-faire et patience. La marque Chokobon a développé toute une gamme d'articles qui permettent à chacun d'expérimenter facilement le monde des bonsaïs. Leurs mini-bonsaïs sont parfaits pour les néophytes et peuvent être arrosés à l'intérieur. Des créateurs de bonsaïs et des fabricants de laques ont collaboré pour offrir une représentation minuscule mais complète d'un monde où bol, soucoupe et arbre expriment l'esthétique japonaise.

L'exquis bonsaï-jardin de l'image est appelé Wave et combine un récipient en forme de vague, une légère butte recouverte de mousse et un pin noir, élément indispensable de n'importe quel paysage naturel japonais. Le récipient a été façonné à la main selon une ancienne technique de laque appelée *gin-negoro-nuri*, puis adapté au goût du jour. Pourquoi ne pas s'accorder le plaisir de créer une ambiance relaxante avec un bonsaï ?

ミニ盆栽

「盆」は鉢、「栽」は植物を意味し、両者が一体となって「盆栽」になります。草木を鉢に植え替え、大木を縮小したかのように再現して育てることで、その姿に壮大な自然を感じさせる盆栽は、海外でも大人気です。いくら小さいとはいえ、長い年月をかけて育てあげるには、それなりの技術も根気も必要となります。誰でも気軽に盆栽の世界を体感できるように、と立ち上げられたブランド「ちょこぼん」の名前には、「気軽にちょこっと盆栽を」という意味が込められています。初めての方でも部屋の中で水やりができるミニ盆栽は、盆栽職人と漆器の塗り職人が日本の美意識を小さな世界に表現し、鉢と受け皿、植物がトータルコーディネートされています。

こちらは器の流れるような曲線が持つ柔らかさと山苔の丸み、日本の風景を描くのに欠かせない黒松が美しい庭盆栽「WAVE」です。器は「銀根来塗り（ぎんねごろぬり）」という日本古来の手法ながら、モダンな仕上がりです。ホッと安らぐ空間にしてみるのはいかがでしょうか。

Boules de mousse *kokedama*

Les boules de mousse *kokedama* sont créées en disposant et modelant de la terre autour d'une racine, puis en y fixant de la mousse avec une ficelle. On peut ensuite placer la boule directement dans un récipient ou une soucoupe pour l'exposer. La mousse est facile à entretenir, c'est donc une bonne façon de se familiariser avec la culture des bonsaïs.

On trouve sur le marché une grande variété de boules de mousse *kokedama*. Les boules de mousse dans des bols noirs et vermillon d'Ippuku tiennent dans la paume de la main. Les bols sont des laques d'Echizen, une spécialité de la préfecture de Fukui vieille de 1 500 ans. Leur lustre se décline en très brillant, brillant, semi-brillant et mat. Ici, l'éclat très brillant du bol met en valeur la mousse soigneusement arrangée par un artisan spécialisé et lui donne vie.

Dans la présentation baptisée Cube, de petites boîtes carrées (*masu*) sont alignées pour former une série de mini-bonsaïs de mousse simple et stylée. Les *masu*, en laque *gin-negoro-nuri*, portent des motifs de traits de pinceau qui se reflètent dans la base noire, et sont recouvertes d'une couche argentée leur donnant un aspect poli. Dans les deux cas, les artisans ont pris garde que l'aspect de la mousse se marie harmonieusement avec celui des récipients. Ces présentations compactes vous permettent d'apprécier des tableaux qui semblent tout droit sortis d'un jardin japonais.

苔玉

「苔玉」は、植物の根っこを用土で丸く包んで、そのまわりにコケ植物を張り付け、紐などで固定したもので、そのまま器やお皿に置いて飾られます。苔はお手入れも簡単で育てやすく、盆栽の入り口として初心者の方にもオススメです。

黒と朱色のお椀に入った苔玉「いっぷく」は、ちょこんと手のひらに載るサイズで、器は1500年の歴史がある福井県の「越前漆器」の小さなお椀です。塗りの艶には、全艶、8分艶、半艶、艶消しがありますが、こちらは全艶の光沢が、盆栽師の手で丁寧に植えられた苔を生き生きと引き立たせています。また、整然と並ぶ小さなマスに入った「CUBE」は、シンプルでスタイリッシュな苔のミニ盆栽です。マスは「銀根来塗り(ぎんねごろぬり)」で、黒下地を模様ができるように刷毛で塗り、その上に銀塗装を施して表面を研ぎます。どちらも盆栽師が苔の状態を見極めながら、なじませ作ります。コンパクトで日本庭園を切り取ったような空間を楽しめます。

福
福

Poupées *Takasaki Daruma*

Les poupées Daruma sont des figurines à l'image de Bodhidharma (connu sous le nom de Daruma Daishi au Japon), un moine auquel on attribue la fondation du bouddhisme zen. Elles symbolisent l'esprit du proverbe « tomber sept fois, se relever huit », signifiant ne jamais abandonner quel que soit le nombre de fois où on échoue. Elles ont longtemps été considérées comme un porte-bonheur et un talisman favorable au succès dans les affaires.

La ville de Takasaki s'enorgueillit de fabriquer des poupées Daruma depuis plus de deux cents ans. Les vents violents et le climat sec de la région en font le lieu idéal pour la confection des poupées, couramment pratiquée par les sériciculteurs pendant la morte-saison hivernale. Ils produisent chaque année environ 900 000 Daruma, représentant 80 % du marché au Japon. Leures poupées *Daruma* se reconnaissent aisément à leur motif de grues pour les sourcils et de tortues pour les moustaches. Toutes les étapes de la fabrication, du collage du papier à la peinture des motifs, sont réalisées à la main. Les poupées sont vendues avec les yeux blancs et, quand la personne qui en achète une se fixe un objectif, elle peint un œil. Quand elle atteint son objectif, elle peint le second. Plutôt que le simple fait d'ajouter des yeux là où ils manquaient, cette coutume symbolise l'ouverture des yeux de l'âme. Une fois par an, pourquoi ne pas accueillir un nouveau Daruma et se fixer un nouvel objectif ?

高崎だるま

「だるま」の起源は、禅宗の開祖とされる達磨(だるま)大師の姿を模した起き上がり玩具です。「何度失敗しても、諦めずに立ち上がる」という「七転び八起き」の精神を象徴し、商売繁盛や開運出世などのご利益がある縁起物として、古くから親しまれてきました。

200年以上の歴史を持つ高崎市の「高崎だるま」は、からっ風吹く乾いた空気がだるま作りに適していたため、養蚕農家の冬の内職として広がりました。現在は日本国内シェアの80%を占め、年間に約90万個も作られているそうです。眉毛は鶴、鼻から口ヒゲは亀をモチーフにしているのが高崎だるまの特徴で、紙を張ったり色を塗ったりする工程をすべて職人の手で行っています。売られているときは目が入っていないので、願をかけるときに片目だけ入れ、願いがかなった時、もう一方の目を書き込みます。この「眼入れ」は、無い目玉を入れる行為ではなく、「心の目の開眼を表現した」ものです。1年に一度、だるまを新しくお迎えして願いを叶えましょう。

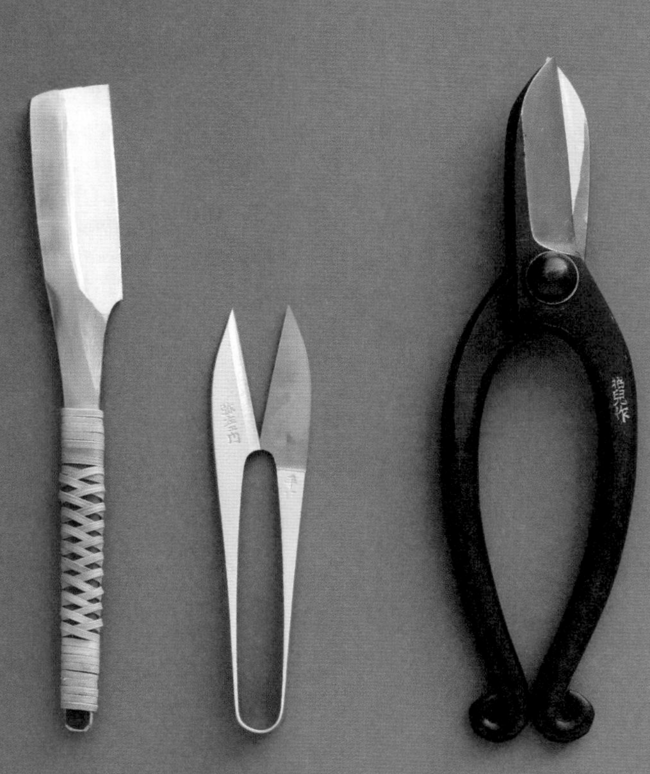

Rasoirs droits japonais *kamisari*

La métallurgie du Banshu (aujourd'hui le sud-ouest de la préfecture de Hyōgo) serait née avec les débuts de la fabrication des sabres. Les premiers instruments pour la vie quotidienne qu'elle produisit furent des lames de rasoir. L'entreprise Banshu Hamono, à Ono, dans la préfecture de Hyōgo, est active depuis 270 ans, et ses artisans continuent à fabriquer toutes sortes d'instruments tranchants tels que des ciseaux, des couteaux, des couteaux de cuisine, des lames de rasoir et des faucilles pour les travaux des champs. Tout le processus est réalisé à la main, du travail de la tige de fer à la finition, et utilise une technique de forgeage aujourd'hui rare au Japon, dans laquelle on martèle les lames de manière répétée.

Les rasoirs droits japonais *kamisari* sont un instrument tranchant du quotidien dérivé des sabres. Les *maiko* (apprenties geisha) de Kyōto leur donnaient la préférence pour raser les poils fins et appliquer du maquillage. Les ciseaux de Banshu Hamono pour découper du fil et du tissu fin existent dans de nombreux modèles différents, incluant des modèles à lames arrondies ou incurvées capables de couper le tissu sans l'abîmer. Ils coupent bien et ont une très bonne résistance à l'abrasion. Leurs ciseaux pour l'arrangement floral japonais traditionnel prennent différentes formes selon l'école d'*ikebana*. Les lames sont conçues avec un angle aigu pour couper la tige de la fleur sans briser les fibres, ce qui améliore l'absorption de l'eau. Le souhait de Banshu Hamono est que les gens puissent utiliser longtemps des produits en bon état, aussi proposent-ils des services d'aiguisage et de réparation des manches ou poignées.

日本剃刀

現在の兵庫県南西部「播州」の金物産業は、刀の鍛造を原点とし、生活刃物を製造しています。兵庫県小野市の「播州刃物」では、約270年もの間、鋏・ナイフ・包丁・剃刀などの家庭用刃物や、農業用の鎌を作り続けてきました。一本の鉄の棒から最後の仕上げまで、現在では珍しい手打ち鍛造の技術を持つ職人がいます。

「日本剃刀」は京都の舞妓さんが産毛を処理するのに愛用されてきた逸品です。糸や細かい布地を切る「握鋏」は、生地を傷めないように刃先が丸いものや、反り返ったものなど、さまざまな形があります。切れ味が良く、摩耗性にも優れています。華道用の「生花鋏」は、流派によって形が違い、鋭角な刃によって断面の繊維を潰さずに切ることができ、水の吸い上げが良くなります。刃物を最高の状態で永く使い続けてほしいとの想いから、研ぎ直しや柄の修理もしています。

Jouets *ai-zome kendama*

Le bassin du fleuve Yoshino, dans la préfecture de Tokushima, est l'une des principales régions productrices de *sukumo*, une teinture préparée avec des feuilles d'indigotier fermentées. Il est célèbre dans tout le pays pour sa teinture indigo *awa* de haute qualité. Il y avait autrefois dans la préfecture de Tokushima plus de 2 000 magasins d'indigo *awa* ; cependant, avec l'usage croissant de teintures chimiques à bas prix, il n'en reste plus aujourd'hui que cinq.

L'entreprise artisanale de préparation d'indigo et de teinturerie Buaisou, basée à Kamiita, dans la préfecture de Tokushima, assure toutes les étapes de la fabrication à la main, de la culture de l'indigotier permettant de créer du *sukumo* au produit fini, en passant par la préparation et l'utilisation de la teinture liquide. Ces jeunes artisans, séduits par ce bleu typiquement japonais, passent la plus grande partie de l'année à élaborer du *sukumo*, ce qui implique tous les processus allant du moment où l'on sème les graines d'indigotier à celui où l'on récolte les feuilles.

Parmi les articles très variés, l'un de leurs produits les plus populaires est le jouet d'adresse traditionnel japonais appelé *kendama*. Chaque *kendama* est fabriqué en bois avec des caractéristiques légèrement distinctes, et à chaque fois la teinture prend une apparence différente. Au contraire des tissus teints, ce jouet change de couleur à mesure que vous l'utilisez, ce qui au fil du temps en fait un objet qui vous est propre.

藍染めのけん玉

徳島県の吉野川流域は、藍の葉を発酵させてつくる染料「蒅(すくも)」の一大産地で、高品質の「阿波藍」は全国でも有名です。「阿波藍」をつくる藍師は、かつて徳島県内に2000軒以上あったとされますが、安価な化学染料の登場によって、現在は５軒のみとなりました。

藍師・染師の「BUAISOU（ぶあいそう）」は徳島県上板町を拠点に、藍の栽培から染料となる蒅造り、藍染液の仕込みと染色、製品を仕上げるまでを一貫して、自らの手で行っています。「ジャパンブルー」に魅せられた若い彼らの活動は、藍の種蒔きから刈り取りまで、1年のほとんどが蒅造りに費やされます。

彼らが手がける商品はいろいろありますが、中でも人気なのが、昔から伝わる玩具「けん玉」です。性質が違う木を１本ずつ藍染しているため、染まり具合もそれぞれ異なります。布に染めたものとは違い、遊ぶことで色移りしていくので、時間の経過とともに世界で1本しかない自分だけのけん玉になっていく楽しみがあるのです。

Essuie-mains *tenugui*

Les serviettes pour les mains *tenugui* ont une longue histoire, depuis leur utilisation par la noblesse et les fonctionnaires de haut rang à l'époque de Heian, puis leur diffusion au reste de la population à l'époque d'Edo, quand on a commencé à cultiver le coton et à fabriquer des *tenugui* dans cette matière. Cette simple pièce de tissu peut servir à éponger la sueur ou à se laver dans le bain ; toutefois, on peut également l'employer comme carte de vœu ou carte de visite à distribuer. On peut même en faire un élément vestimentaire. L'ingéniosité avec laquelle les Japonais lui trouvent différents usages en fait un objet caractéristique.

Les *tenugui* de Rienzome Todaya, un magasin riche de plus de 140 ans d'histoire, sont créés par des artisans qualifiés utilisant une technique de teinture appelée *chusen* (*tsugisome*), qui permet d'obtenir des tissus sans revers. Les motifs représentent les saisons et l'univers du théâtre traditionnel *kabuki*, ainsi que des animaux, des plantes et des ustensiles répétés : ils sont aussi variés qu'amusants et intéressants. Avec l'usage, le tissu s'assouplit et acquiert du caractère, ce qui donne à ces articles faits main en matière naturelle une chaleur incomparable.

手ぬぐい

「手ぬぐい」の歴史は古く、平安時代には神事の装身具として貴族や特権階級が使っていたものが、江戸時代に綿花栽培が始まると、木綿の手ぬぐいが一般に普及しました。汗をぬぐったり、入浴時に身体を洗ったりする1枚の布ですが、その他にも名刺や挨拶代わりに配る、包帯代わりにするなど、様々な工夫で使用するところが日本人らしさを象徴するアイテムです。

創業140年を超える「梨園染 戸田屋商店」の手ぬぐいは、熟練した職人による「注染（ちゅうせん・つぎぞめ）」で、生地を表裏のない状態に仕上げます。四季を感じさせる柄、歌舞伎由来の柄、身の回りの動植物や道具などのモチーフが繰り返し描かれた小紋柄など、デザインも楽しいものばかりが揃っています。使えば使うほど柔らかな風合いが増し、味のある色合いになっていく手ぬぐいからは、天然素材と手仕事ならではの温かさを感じられます。

Essuie-mains *tenugui* d'art

L'histoire des essuie-mains *tenugui* est similaire à celle du tissage au Japon. Ils devinrent un objet du quotidien très apprécié de l'ensemble de la population à l'époque d'Edo et servaient à un grand nombre d'usages. Les *tenugui* artistiques créés par Azabujuban Asa-no-Ha sont originaux et ressemblent à des objets d'art. Des artisans d'*Ise-katagami* découpent des pochoirs en papier à partir d'œuvres de nombreux artistes et écrivains, puis les *tenugui* sont teints à l'aide d'une technique appelée *chusen*, dans laquelle la teinture est versée sur le pochoir pour recréer des scènes fameuses du théâtre *kabuki* et des thèmes de saison. Le résultat final est comparable à une peinture. Toutes les étapes de la fabrication sont réalisées par des artisans qualifiés, par conséquent cette simple pièce de tissu combine tous leurs savoir-faire. On dit que déjà à l'époque d'Edo, les artisans rivalisaient les uns avec les autres en créant des motifs complexes pour montrer leur habileté.

Bien qu'on puisse les utiliser pour essuyer, enrouler, couvrir et emballer des choses, les *tenugui* peuvent aussi bien être encadrés pour être admirés comme des œuvres d'art. Le sens aigu du design qui fait regarder ce simple bout de tissu comme un tableau reste le même aujourd'hui que par le passé.

絵手ぬぐい

「手ぬぐい」の歴史は、日本の織物の歴史そのもの。江戸時代に実用品として庶民に広がり、その用途は多岐にわたりました。「麻布十番 麻の葉」が作る絵手ぬぐいは、アート感覚のオリジナル品です。様々なアーティストや作家が描く原画から、伊勢型紙の彫師が染型を彫り、「注染」の技法で染料を注ぎ込み、歌舞伎の名場面や四季折々の風景をまるで1枚の絵画のように作ります。どの工程にも熟練した職人がおり、その技を結集させて出来上がります。江戸時代には、すでに職人たちが趣向を凝らしたデザインで腕を競い合ったといいます。

手ぬぐいは拭く、巻く、被る、包むなどの様々な使い方がありますが、額に入れて1枚の絵のようにインテリアとして楽しむこともできるのです。1枚の布をキャンバスのように使えるデザイン性の高さは、現在も変わることはありません。

Comment utiliser les essuie-mains *tenugui*

Pendant des siècles, les Japonais se sont ingéniés à trouver de multiples usages aux essuie-mains *tenugui* dans la vie quotidienne. De nos jours encore, ces simples pièces de tissu peuvent être utilisées à des fins très diverses.

手ぬぐいの使い方

日本人は昔から工夫をこらして、日常の様々な場面で手ぬぐいを活用してきました。現代の暮らしの中でも、一枚の布でできることはたくさんあります。

Pochette à couverts ／ カトラリーケース

1 Pliez le *tenugui* en deux avec le pli en haut.
2 Pliez-le en deux à nouveau, du bas vers le haut.
3 Pliez-le encore d'un tiers, du bas vers le haut.
4 Repliez les deux côtés en dessous pour maintenir les couverts en place.

1 手ぬぐいを折り目が上になるように半分に折ります。
2 下から半分に折ります。
3 さらに下から３分の１を折り上げます。
4 両側を折り曲げてカトラリーを包みます。

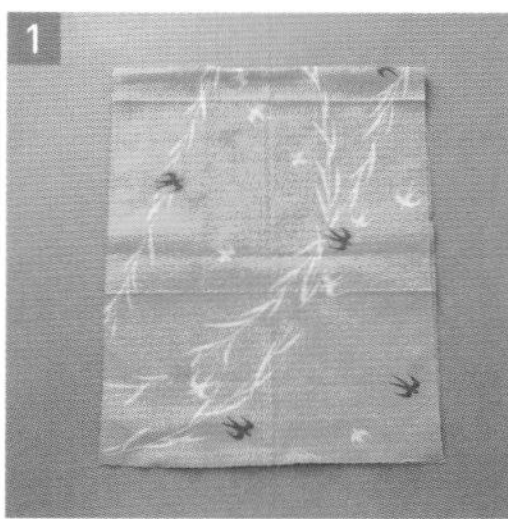

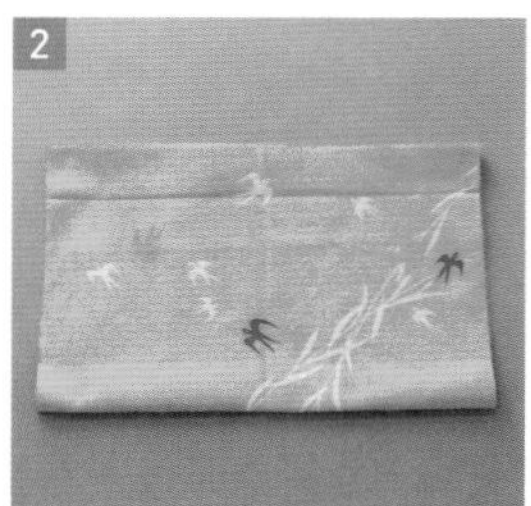

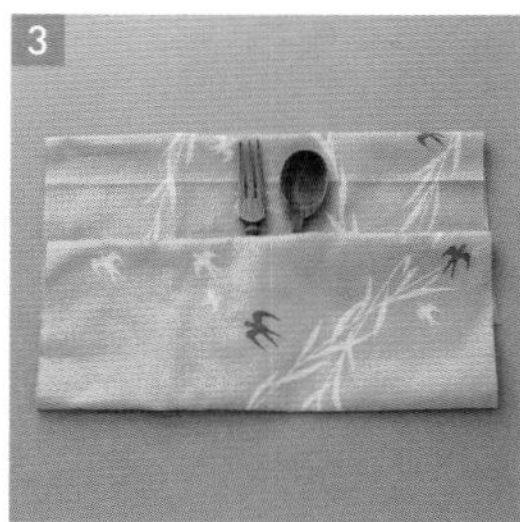

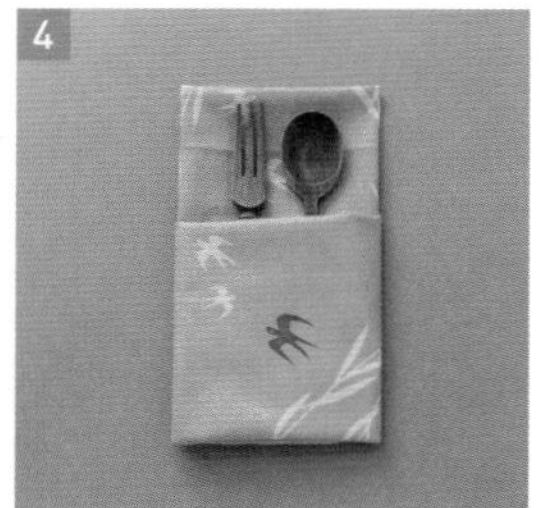

Emballage de bouteille de vin ／ ワインボトル包み

1 Étalez le *tenugui*, posez dessus la bouteille de vin et repliez le *tenugui* jusqu'au col de la bouteille.
2 Repliez chaque côté du *tenugui* par-dessus la bouteille.
3 Torsadez la partie du *tenugui* qui dépasse au-dessus de la bouteille.
4 Enroulez la torsade autour du col de la bouteille et coincez l'extrémité.
5 Emballé c'est pesé !

1 広げた手ぬぐいの上にワインボトルを置き、ボトルネックのあたりまで折り上げます。
2 ワインボトルを両側から包み込みます。
3 ワインボトルの上の余った部分を端までねじります。
4 ねじった部分をボトルネックに巻きつけ、最後に先端を挟み込みます。
5 できあがり！

1
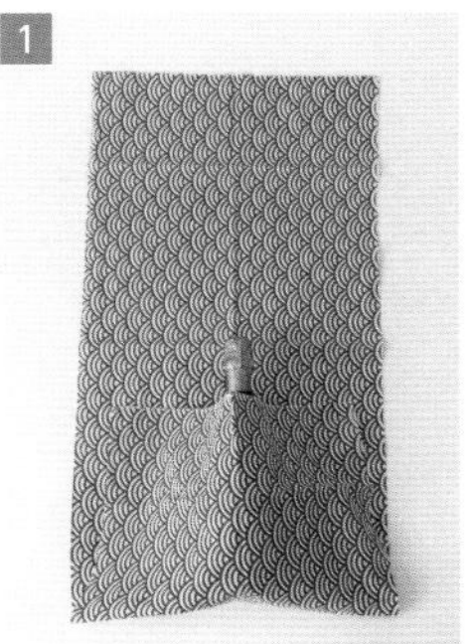

2
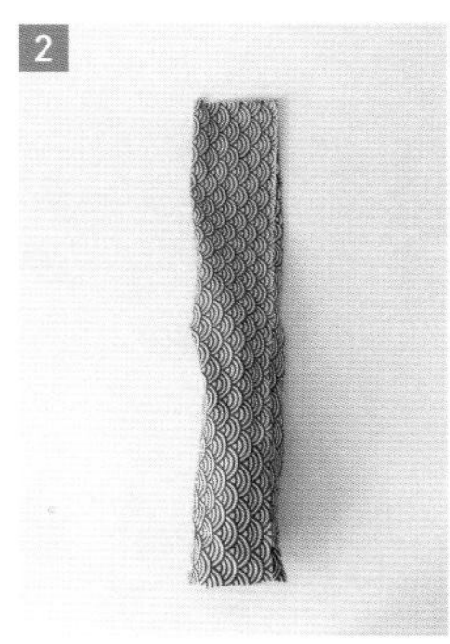

3
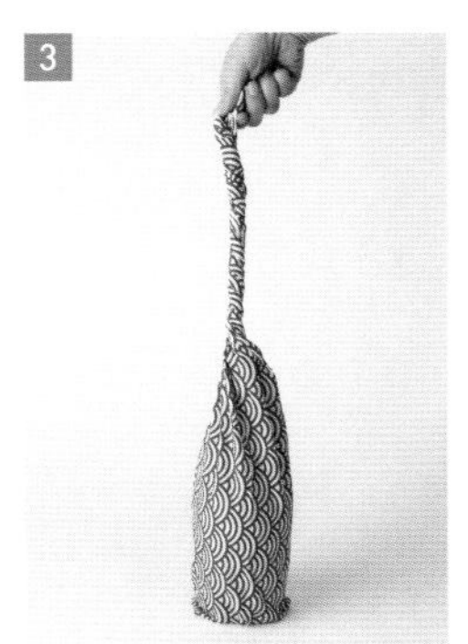

4

5

Reliure *watoji*

L'émotion quand on le tient, la manière dont il s'ouvre et la sensation qu'il procure au toucher sont tout ce qui fait la beauté d'un livre. Les carnets de notes sont magnifiques quand le stylo glisse de manière fluide à travers la page et que l'encre ne traverse pas le papier. Pour ceux qui aiment les livres et la papeterie, ces articles possèdent un grand attrait.

Misuzudo, une entreprise de reliure fondée en 1983 à Ina, dans la préfecture de Nagano, a la réputation de pouvoir accomplir des tâches qui requièrent une technologie avancée, comme la reliure traditionnelle à la main ou la reliure sur-mesure pour des écrivains et des designers. Ils produisent également des livres à couverture rigide de confection manuelle et des livres utilisant la technique de reliure traditionnelle japonaise ou *watoji*, ainsi que différents objets en papier. Leur gamme de carnets de notes originaux, tous fabriqués à la main par des artisans, est très appréciée et connaît un succès populaire et durable.

Ces livres de style japonais sont des carnets de notes couverts d'une reliure *watoji* à quatre perforations, avec la couverture et les pages intérieures en *washi*. Ils vendent aussi des kits vous permettant d'apprendre à fabriquer vos propres reliures. Misuzudo dirige une école de fabrication de livres, et ils organisent des ateliers de reliure dans leurs locaux pour faire en sorte que la connaissance et les traditions des techniques de reliure se transmettent au plus grand nombre de gens possible.

和綴じ製本

持ち心地、開き具合、肌触り、そのすべてが美しい本。なめらかな書き心地、ペンのインクも裏抜けしない安心のノート。本好き、文具好きにはたまらない魅力があふれています。

昔ながらの手製本、作家やデザイナーの特装本など、高度な製本技術を必要とする仕事で定評のある「美篶堂（みすずどう）」は、1983年に長野県伊那市で創業した製本会社です。上製本、和綴じなどの手製本、紙を使ったペーパークラフトなどを作っています。職人の手によって１冊ずつ作られるオリジナルノートは、多くのファンを魅了し、ロングセラーにもなっています。

この和装本は、表紙と本文に和紙を使用した四つ目綴じの和綴じ帳です。また、自ら製本できるキットも販売されています。美篶堂は本づくり学校の運営や、工房での製本ワークショップの開催などに力を注ぎ、その製本技術や様式の知識、伝統を多くの人に伝えています。

Tissus d'emballage *furoshiki*

La culture de l'emballage a des racines profondes au Japon et on peut lire dans des manuscrits du VIIIe siècle, à l'époque de Nara, que les trésors de l'empereur étaient enveloppés dans des tissus. À partir de la fin de l'époque de Heian, on a commencé à empaqueter également les vêtements dans un tissu pour les transporter, et ces ballots plats furent nommés *hirazutsumi*. À l'époque d'Edo, ils furent rebaptisés *furoshiki-zutsumi* parce qu'on s'en servait pour envelopper à la fois les affaires de bains et les vêtements avant de se rendre aux bains publics. On les utilisait également comme sacs de voyage, et ces *furoshiki* étaient par conséquent tenus pour des objets indispensables à la vie quotidienne. Le *furoshiki* de l'image vient de chez Miyai Honten, une entreprise spécialisée bien connue. Il porte une fleur de prunier créée à l'aide d'une technique de teinture *shibori* sur un tissu en pure soie d'un rouge exquis. La fleur de prunier est très appréciée en tant que motif de bon augure, car la capacité du prunier à résister aux hivers rigoureux en fait un symbole de jeunesse éternelle et de longévité.

Un *furoshiki* peut envelopper des objets de formes et de tailles variées, comme par exemple vos affaires personnelles, une bouteille de vin, une pastèque ou des livres. En outre, selon l'occasion, qu'il s'agisse d'une célébration ou d'un deuil, la couleur, le motif et la manière dont le *furoshiki* est noué traduisent les sentiments qui sont associés au présent qu'il contient. C'est un objet qui possède une profonde sensibilité japonaise.

風呂敷

日本における「包む」文化の歴史は古く、奈良時代の書物には、天皇の所有品である御物を布で包んだという記載があります。平安時代後期からは、衣類を布で包んで運ぶ風俗が生まれ、包む布を「平包」と呼んでいました。江戸時代には「風呂敷包み」と呼ばれ、湯具や着物を包んで銭湯に通うなど、ものを包んで運ぶ道具として庶民の生活に欠かせないものになっていきました。写真は、老舗の風呂敷専門店「宮井本店」の一品で、赤が美しい正絹に梅絞りが施されています。梅は寒い冬を耐え忍ぶことから、「不老不死」の吉祥文様として愛されるモチーフです。

お遣い物、ワインの瓶、すいか、本など、風呂敷には様々なものの形に合わせた包み方があります。また、慶事・弔事などの目的によっても、風呂敷の色柄から包み方まで、相手のことを気遣って品を贈る、日本の心が感じられるアイテムです。

Comment utiliser un tissu d'emballage *furoshiki*

Les *furoshiki* sont plus que de simples tissus pour envelopper des objets ; ils sont également un moyen de communiquer les sentiments du donateur. Apprenez la façon basique d'emballer quelque chose avec un *furoshiki* et faites-en l'usage qui vous convient.

風呂敷の使い方

「風呂敷」は物を包むだけでなく、相手を思いやる気持ちも一緒に包みます。基本的な風呂敷の包み方を覚えて、日常に活用してみましょう。

Emballage basique *otsukai-zutsumi* / おつかい包み

1 Placez l'objet que vous voulez emballer au centre du *furoshiki* disposé en diagonale. Repliez le coin le plus proche de vous par-dessus l'objet, puis coincez-le dessous.
2 Ramenez le coin supérieur vers vous et pliez la partie qui dépasse sous l'objet.
3 Nouez les coins gauche et droit ensemble.

1 包みたいものを風呂敷の対角線の中央に置き、手前の端を包むものにかぶせ、下に折り込みます。
2 奥の端を手前にかぶせ、余った分は下に折り込みます。
3 左右の端を真結びにします。

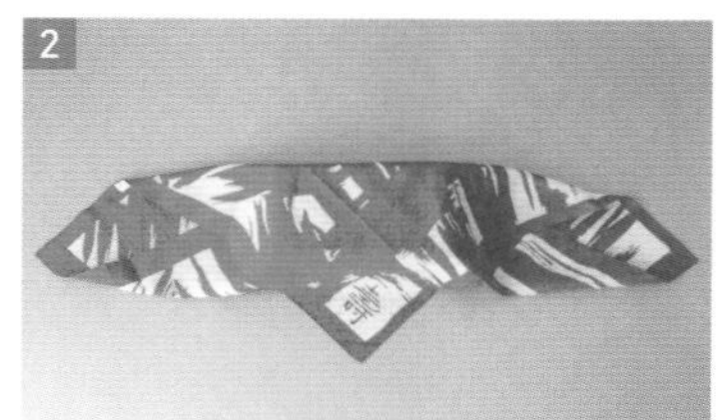

Emballage en goutte d'eau *shizuku-zutsumi* ／ しずく包み

1 Pliez le *furoshiki* en triangle de manière à ce que l'envers soit dirigé vers le haut.
2 Faites un nœud dans les coins gauche et droit.
3 Faites en sorte que les deux extrémités nouées aient la même longueur.
4 Tournez le *furoshiki* de 45° vers la gauche.
5 Rentrez les deux nœuds à l'intérieur.
6 Faites un nœud plat avec les coins supérieurs.
7 L'affaire est dans le sac !

1 風呂敷の裏側が表になるようにして三角に折ります。
2 三角の両角をそれぞれひと結びします。
3 結んだ両角を同じ長さにします。
4 表にひっくり返します。
5 両側の結び目を内側にしまいます。
6 先端を真結びにします。
7 できあがり！

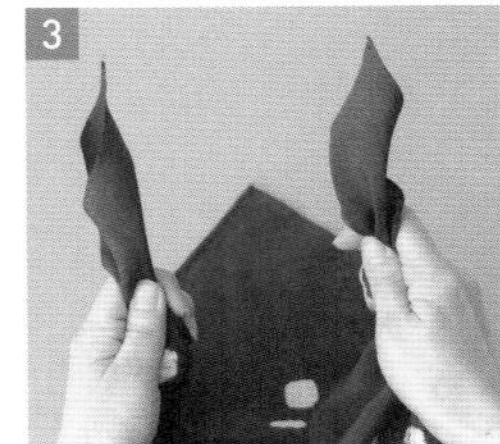

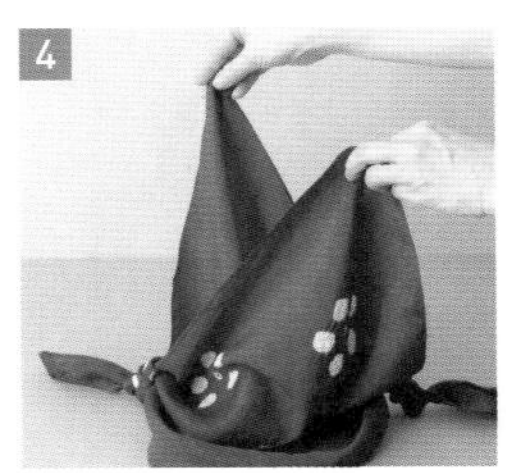

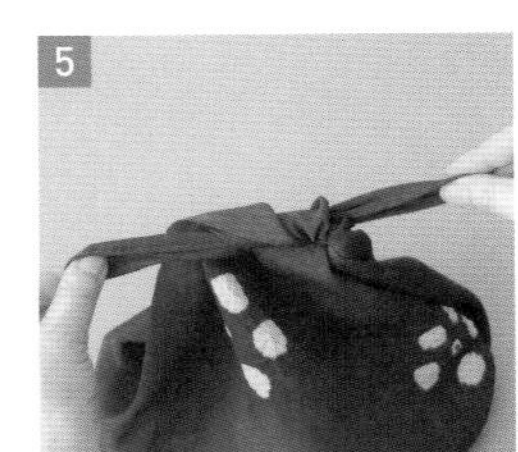

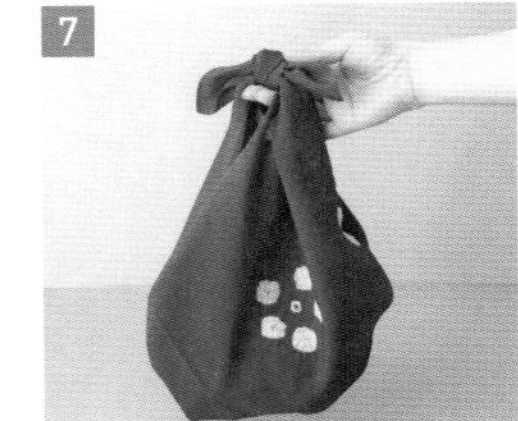

Éventails *mizu-uchiwa*

Dans le passé, avant l'invention de l'air conditionné, les Japonais avaient différents moyens pour tenter de se rafraîchir en été, parmi lesquels figura en tout temps l'éventail à main plat *uchiwa*. Parmis les *uchiwa* est le *mizu-uchiwa*, dont on se sert en le trempant dans un seau ou un bol d'eau. Les *mizu-uchiwa* produits par Ieda paper-craft, fondé en 1889, sont faits avec du papier *Mino washi*, créé artisanalement à partir de l'écorce de l'arbre *gampi*. Les fibres de *gampi* sont très fines et ne mesurent pas plus de 2,5-5 mm de long, aussi permettent-elles de fabriquer un papier fin, translucide, parfait pour les *mizu-uchiwa*. Des artistes peignent des motifs sur chaque face de ce papier, puis des artisans de *marugame uchiwa* l'attachent aux tiges de bambou de l'*uchiwa*, avant de lui appliquer pour finir un vernis spécial à base d'ingrédients entièrement naturels.

Ces éventails sont ornés d'images évocatrices de l'été telles que des belles-de-jour, des poissons rouges ou des eaux vives, si bien que leur seule vue suscite une impression de fraîcheur. C'est également un objet dont l'utilisation est amusante car, lorsqu'on s'évente après l'avoir trempé dans l'eau, il projette de fines gouttelettes dans l'air chaud, qui vous rafraîchissent en retombant.

水うちわ

クーラーもなかった時代、いろいろな工夫をして涼を取る日本人の夏支度の中には、必ず「うちわ」がありました。うちわの中でも、桶や洗面器に張った水に浸して使うのが、岐阜県発祥の伝統工芸品「水うちわ」です。明治22年（1889年）に創業した「家田紙工」の水うちわは、「雁皮（がんぴ）」と呼ばれる植物の皮から作られる、「雁皮紙（がんぴし）」という美濃手漉き和紙を使用しています。雁皮の繊維はとても細く、長さも2.5～5mmしかないため、漉き加工を施すと緻密で透明感のある紙が出来上がり、水うちわに最適なのです。絵付け職人が一枚ずつ手刷りした紙は、丸亀うちわ職人が竹骨に貼りつけていき、最後に100％天然素材の特別なニスを塗って仕上げます。

朝顔、金魚、観世水（かんぜみず）などのモチーフが夏を感じさせる水うちわは、飾っておくだけでも目に涼しげですが、水につけて濡れたうちわを扇いで水しぶきを飛ばす、つまり、気化熱によって涼を楽しむ風流な遊び道具でもあるのです。

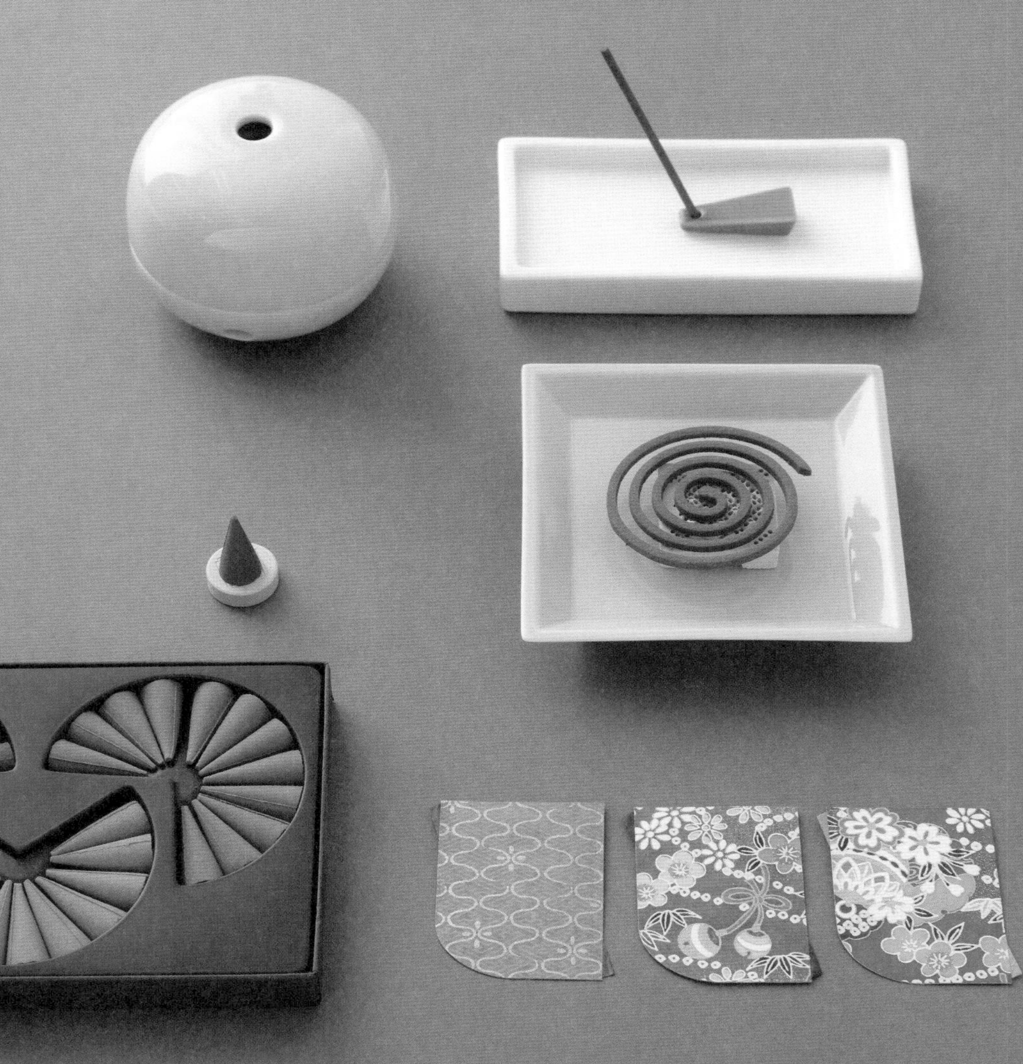

Encens et papiers à insérer parfumés

L'encens fut introduit au Japon depuis le continent asiatique en relation avec les cérémonies bouddhistes. Durant l'époque de Heian, les nobles brûlaient du *takimono*, un mélange de substances odorantes, sur du charbon, et aimaient à laisser le parfum se diffuser dans les pièces et imprégner les vêtements. Puis, à l'époque d'Edo, se développa ce qu'on appelle *kōdō*, l'art d'apprécier le parfum de l'encens à travers les saisons et la littérature japonaise.

Shoeido Incense, fondé il y a environ 300 ans, a une très longue histoire de créateur d'encens divers, incluant de l'encens en poudre utilisé à des fins religieuses, du bois aromatique et des gâteaux d'encens ronds pour la cérémonie du thé, de l'encens en bâtonnets pour les pièces et divers encens et sachets aromatiques pour un usage quotidien. Parmi les encens que l'on fait brûler, le type le plus connu est celui en bâtonnets destiné à un usage domestique ou aux rituels bouddhiques. Ceux en cônes ne permettent d'apprécier le parfum de l'encens que sur une courte durée. Ceux en spirale brûlent lentement et sont donc plus appropriés pour les grandes pièces et les espaces où l'air circule bien.

Il existe également un type d'encens qu'on peut utiliser à la température de la pièce et qui n'a pas besoin de brûler pour libérer son arôme. Les encens à insérer *fumiko* sont placés dans de petites pochettes en papier *washi* décoratif du type *Yuzen* et envoyés avec les lettres pour communiquer les sentiments de l'expéditeur sous la forme de parfum. Cette tradition vient d'une coutume de l'époque de Heian, où du *washi* était imprégné de fumée d'encens, avant d'être envoyé avec les lettres.

お香・文香

「香」は仏教儀礼とともに、大陸から日本に伝わってきました。平安時代、貴族たちは香料を調合した「薫物」を炭火でくゆらせ、部屋や衣服への「移り香」を楽しみました。日本の四季や古典文学を通して香木の香りを鑑賞する「香道」は、江戸時代に発展しました。

300年ほど前に創業した「松栄堂」は、宗教用の薫香をはじめ、茶席で用いる香木や練香、お座敷用のお線香や、日常で楽しむインセンス、匂い袋など、「香」づくり一筋の老舗です。

直接火をつけるお香には、室内線香・仏事線香のような最も親しまれている棒状のものや、短時間で香る円錐型があります。渦巻型は、ゆったり時間をかけて焚けるので、広い部屋や空気の流れが多い場所に適しています。

火をつけず常温で香りが楽しめるお香もあり、小袖の形をした友禅和紙に香りを染み込ませた「文香」は、送り手の想いを香りに込めて手紙に忍ばせます。平安時代、和紙に香りを焚き染めて文を送った習慣に由来します。

Balais *Edohōki* et pelles à poussière *Harimi*

Shirokiya Denbe, fondé en 1830, est spécialisé dans la production de balais *Edohōki*, qui étaient à l'origine destinés au nettoyage des tatamis dans les logements modestes. C'était un ustensile populaire chez les *Edokko*, les gens qui étaient nés et avaient grandi à Edo (Tōkyō).

Pour les fabriquer, des artisans qualifiés commencent par prendre des épis de sorgho à balais et les testent un par un avec la main pour évaluer leur douceur et leur résistance. C'est grâce à cette souplesse et à cette douceur que les *Edohōki* sont connus pour être faciles d'utilisation, car ils permettent de balayer sans effort. Il en existe de toutes les tailles, et ils servent à différents usages, comme le nettoyage des tatamis, des planchers, des tables ou des espaces extérieurs.

Même si les pointes du balai s'usent, comme elles sont en matière végétale naturelle, vous pouvez les rogner et rendre son efficacité à votre balai. Occupez-vous-en bien et il durera dix ans. Les résidus qui s'accumulent sur le sorgho tandis que vous l'utilisez laissent les espaces entre les tatamis et les lames de plancher brillants, ce qui fait l'un des intérêts d'utiliser ce balai pendant une longue période.

La pelle à poussière *Harimi* est faite en feuilles de papier *washi* qui ont été collées ensemble et recouvertes d'une colle dérivée du plaqueminier. Comme elle est en papier, elle est légère, et la colle d'origine naturelle réduit l'électricité statique, de sorte que les saletés ne s'y attachent pas.

江戸箒・はりみ

1830年創業の「白木屋傳兵衛」が作る「江戸箒」は、当時の庶民が住んでいた長屋の畳に適した箒として江戸っ子に愛されました。

江戸箒作りは、材料の「ホウキモロコシ」の穂を、職人が手の感覚で一本一本、柔らかさとコシを基準に選り分ける「穂選り」作業から始まります。当たりが柔らかく、力を入れなくても掃き出しやすいのが江戸箒の特徴です。サイズはいろいろで、畳やフローリング、テーブル、屋外など、用途も様々な箒が揃っています。

箒の穂先がすり減っても、天然草なので、切り揃えれば再び新品のように使えます。大事にすれば10年は使えます。使えば使うほど、草についているアクが畳や板の間にツヤを出してくれるのも、長く使う楽しみの一つです。

「はりみ」は、張り合わせた和紙の表面に柿渋を塗って作られた、紙製のちりとりです。軽くて丈夫なだけでなく、天然塗料の柿渋が静電気を抑えてくれるので、集めたゴミが表面にまとわりつきません。

Bouillottes *yutampo* en céramique

Les bouillotes *yutampo* en céramique sont utilisées depuis l'époque d'Edo pour réchauffer les futons pendant les froides nuits d'hiver. Le matin suivant, on se servait de l'eau tiède pour la toilette du visage ou le ménage afin d'éviter le gaspillage. Récemment, les bouillotes en métal et en plastique sont devenues plus courantes ; cependant, les *yutampo* en céramique, toutes faites à la main, gardent l'eau bien chaude plus longtemps et diffusent une chaleur douce, apaisante.

Le fabricant de poteries Yamajo Seitojo, basé dans le quartier de Takatacho, à Tajimi, dans la préfecture de Gifu, a démarré son activité en 1616 et s'enorgueillit donc de plus de quatre siècles d'histoire. La poterie *Takata-yaki* utilise de la diatomite, une roche sédimentaire composée d'algues fossiles, qui est supposée avoir des propriétés thérapeutiques. La diatomite émet un rayonnement infrarouge lointain et des ions négatifs. Elle a également des propriétés désodorisantes et antibactériennes dues à sa teneur en oxyde de titane. Utiliser l'eau restante pour se laver le visage a des vertus cosmétiques car elle hydrate la peau.

Les moyens de chauffage modernes posent un certain nombre de problèmes, comme la tendance à assécher l'air et à générer des ondes électromagnétiques. Cette *yutampo*, bénéfique à la fois pour l'environnement et pour le corps, suscite aujourd'hui un intérêt renouvelé.

陶器の湯たんぽ

江戸時代から使用されていたという陶器の「湯たんぽ」は、寒い冬の夜に布団の中に入れて暖を取り、翌朝はぬるま湯を洗顔や掃除などに無駄なく使いました。最近は金属製やプラスチック製のものを多く見かけますが、一つずつ手作りされている陶器の湯たんぽは、中のお湯が長時間冷めにくく、優しくじっくりと温かさが伝わるのが特徴です。

岐阜県多治見市髙田町にある「弥満丈製陶所」は、江戸時代の1616年に開窯し、約400年の歴史があります。「高田焼」は、古代の海藻が土となった「珪藻土（けいそうど）」というパワーストーンを使って作られています。珪藻土は遠赤外線やマイナスイオンを放出し、消臭・抗菌効果のある酸化チタンを含んでいます。無駄にしないよう洗顔に使われていた残り湯には、肌が潤う美容効果もあるようです。

現代の暖房器具には、空気の乾燥や電磁波など心配な点も多い一方で、環境にも身体にも優しい湯たんぽが今、再び見直され始めています。

Enveloppes décoratives *pochibukuro*

Les enveloppes décoratives *pochibukuro* sont un type d'enveloppes de bon augure utilisées pour faire de petits cadeaux en argent ou transmettre des pensées chaleureuses à quelqu'un. Bien que les théories divergent, *pochi* signifie « un peu » et l'on dit que cela signifie « un petit quelque chose » pour le destinataire. On peut faire remonter l'origine de cette coutume aux quartiers de plaisirs et au monde du divertissement où les gens manifestaient leur préférence pour une geisha ou un magasin en leur faisant passer de l'argent enveloppé dans un *washi* blanc. Le *washi* fut plus tard remplacé par des enveloppes. Le magasin spécialisé en *washi* Haibara, actif depuis plus de 200 ans, produit une large gamme de *pochibukuro*, que leur impression élégante et leurs motifs dessinés rendent aussi pratiques que chics et amusantes.

Aujourd'hui, elles sont utilisées dans de nombreuses circonstances, comme par exemple pour rendre de petites sommes d'argent, payer des frais, donner aux enfants des étrennes *otoshidama* pour le Nouvel An, faire passer un pourboire dans une auberge *ryokan* ou verser une prime à des employés. Elles conviennent également pour transmettre vos pensées quand une lettre serait trop longue. Rédigez un message sur un petit bout de papier et placez-le dans la *pochibukuro* pour en faire un geste touchant. Quelle que soit l'utilisation que vous choisirez d'en faire, elle sera reçue avec gratitude.

ぽち袋

「ぽち袋」は小さな金封の一種で、少額の祝儀や心付けを渡す際に使われます。諸説ありますが、「ぽち」はわずかな・少しばかりという意味の「これっぽっち」に由来するといわれています。その起源は、花柳界や芸能界で贔屓(ひいき)の芸者やお店に心付けを渡すときに、お金を白い和紙に包んでいたものが、やがて袋状に変化していったと伝わります。創業から200年以上の和紙舗「榛原(はいばら)」のぽち袋は、実用性はもちろん、描かれている図案や美しい摺りなどから、粋な遊び心を感じるものがたくさんあります。

現代では、少額のお金を返す、会費を払う、お年玉を渡す、旅館などで心付けを渡す、大入袋に用いるなど、様々な場面で使われています。また、手紙ほどかしこまらず一言伝えたいときは、メッセージを書いた一筆箋をぽち袋に入れて渡せば、気持ちが届きます。少額や一言であっても、ぽち袋に入れることで「ほんの気持ち」、感謝の心を伝えることができるのです。

色硝子(亀一号)
版権所有不許複製
はいばら
松竹梅(松十号)
版権所有不許複製
はいばら
色硝子(亀一号)
版権所有不許
松竹梅(松十号)
版権所有不許複製

Papier *washi* décoratif *chiyogami*

Le magasin historique spécialisé en *washi* Haibara, fondé à Nihonbashi (Tōkyō) en 1806, en est aujourd'hui à la septième génération. Au début du XIXe siècle, il a commencé à vendre du papier *gampi*, fabriqué à partir de l'écorce du *wikstroemia*, un arbuste de la même famille que les daphnés. C'était alors un article très populaire et, deux siècles plus tard, il continue à vendre toutes sortes de *washi*.

Au XXe siècle, le *washi* décoratif *Haibara chiyogami* devint populaire à son tour. Il était souvent orné de motifs dessinés par des artistes célèbres tels que Yumeji Takehisa, un peintre représentatif du mouvement romantique de l'ère Taisho. Le *Haibara chiyogami* est mentionné dans le roman de Naoya Shiga *Errances dans la nuit*.

Le *chiyogami* sur l'image a été créé à partir de motifs transmis de génération en génération au magasin. Le motif de droite est appelé *shochikubai* et réunit les trois signes traditionnels de bon augure que sont le pin, le bambou et le prunier. Les fleurs, les feuilles et les baies éparpillées représentent le souhait de bonne fortune pour tout le monde. Outre des châtaignes d'eau poussant à l'état sauvage dans les marais, le motif en gras à gauche de l'image représente du verre coloré disposé géométriquement, tandis que celui du centre s'inspire de la Fête des chrysanthèmes, symbole de l'automne. Ces motifs sont peut-être rétro, mais leurs riches couleurs donnent au *chiyogami* un aspect frais même aujourd'hui.

千代紙

1806年に日本橋で創業し、初代から現在の七代目まで歴史が続く和紙専門店「榛原」。江戸時代に発売した、ジンチョウゲ科の植物・雁皮から作られる「雁皮紙」が大人気となり、以来200年以上経った現在も、様々な和紙小間物が愛され続けています。

時代が移り、明治から大正にかけて人気を博したのが「榛原千代紙」です。大正ロマンを代表する竹久夢二など有名画家の描いた図案が、多く用いられていました。志賀直哉の小説「暗夜行路」の中にも、榛原の千代紙が登場します。

写真は同店に伝わる千代紙をもとにデザインされたものです。右は古くから吉祥文様として愛されている「松竹梅」で、花や葉、実が散りばめられたデザインには「おめでたい事が皆様の間に広がりますように」という意味が込められています。左は沼に自生する菱の実を紋様化し、幾何学的に配置した大胆な意匠の「色硝子」、中央は秋の訪れを感じさせる菊を図案化した「重陽」です。レトロなモチーフでありながら、色彩豊かで斬新なデザインによって、現在でも新しく感じられる千代紙です。

Coussins *zabuton*

Les coussins *zabuton* semblent avoir leur origine dans les coussins *shitone* utilisés par les membres de la haute aristocratie durant l'époque de Heian. Ce qui n'était au début que de petits tatamis carrés recouverts de coton pour former une carpette se transforma en coussins ronds *enza* en paille et roseau *igusa* tissés. À la fin, ils devinrent des coussins en tissu rembourrés de coton *zabuton*. À partir du milieu du XIXe siècle, les gens ordinaires commencèrent eux aussi à se servir de *zabuton* et, comme il était devenu facile de se procurer de la soie brute et du coton, chaque maisonnée se mit à en fabriquer avec des bouts de tissu et des vêtements usagés.

Les *zabuton* sur l'image sont produits par Otafukuwata, une entreprise qui a plus de 170 ans d'expérience : et leurs artisans matelassiers certifiés de première classe fabriquent chaque coussin à la perfection. Les *zabuton* sur lesquels on s'assoit sont posés directement sur le parquet ou les tatamis ; cependant, il y a une certaine étiquette à observer quand on accueille des visiteurs et il faut faire attention à la face du *zabuton* qui est utilisée et à la direction dans laquelle il est tourné. Il existe également des manières à connaître quand vous êtes en visite et qu'on dispose un *zabuton* pour vous. Les *zabuton* sont un symbole important de l'hospitalité culturelle manifestée à l'égard des invités dans les *washitsu* (pièces de style japonais).

座布団

「座布団」のルーツは、平安時代に位の高い貴族が使用していた「茵(しとね)」です。小さな正方形の薄畳を錦などで囲った正方形の敷物で、その後、藁やい草を渦巻状に編んだ「円座」に変わり、江戸時代後期に綿を詰めた布製の「座布団」に発展していきました。明治時代に入ってからは庶民にも広がり始め、生糸や綿花が手に入りやすくなったことから、各家庭ではぎれや古着を再利用して座布団を仕立てるようになりました。

創業170年を超える「おたふくわた」の座布団は、一級寝具技能士が一つひとつ丁寧に作っています。座布団は床や畳に敷いてその上に座りますが、お客様をもてなす際には作法があり、敷くときの表裏や向きなどが重要です。また、訪問先で座布団を出されたときにも作法があります。座布団は、和室におけるお客様へのおもてなし文化を表す大切な象徴です。

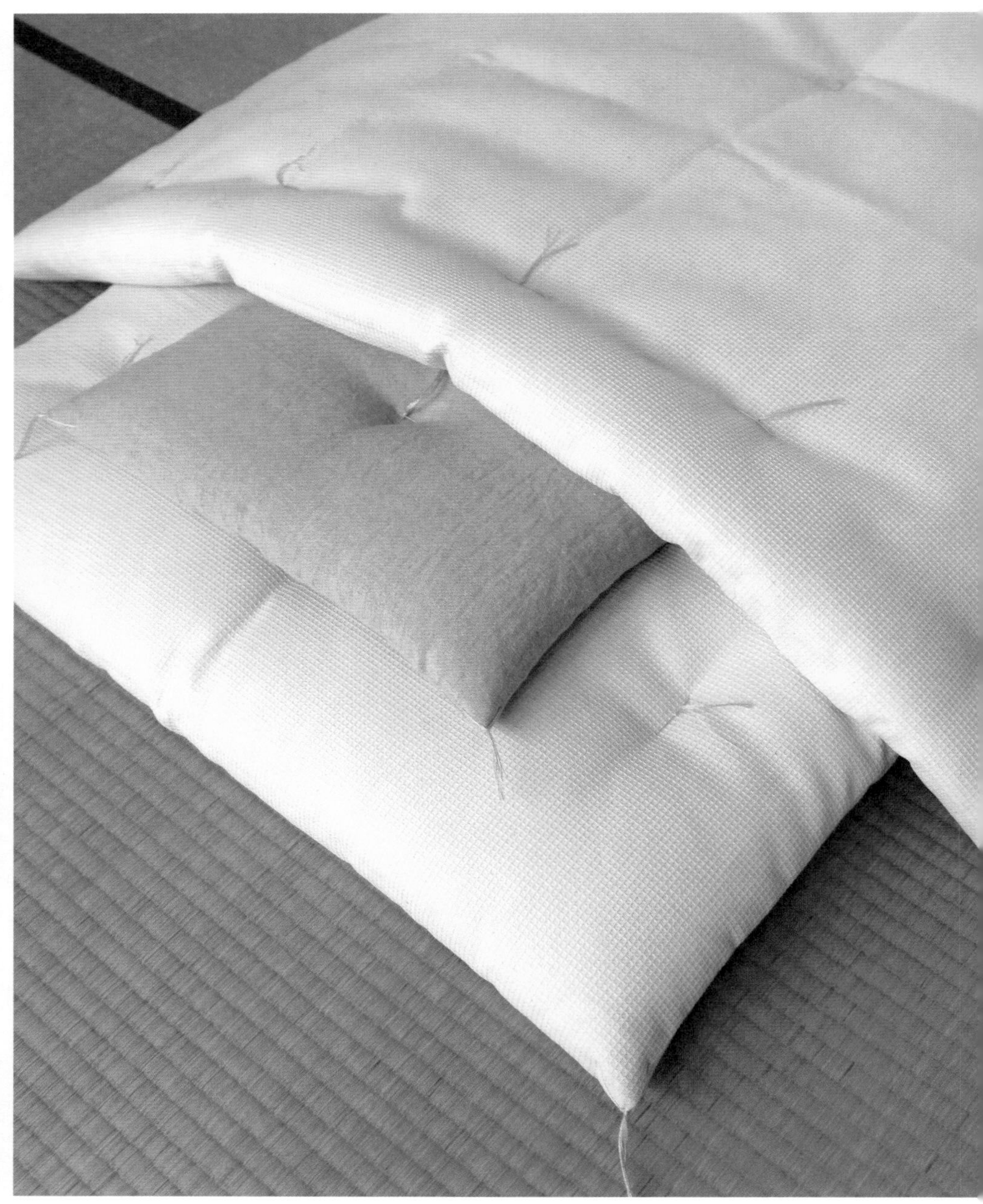

Futons en coton

Jadis, les mères et les grands-mères mettaient tout leur cœur à confectionner des futons en coton que la future jeune mariée de la maison emporterait avec elle après son mariage. De nos jours, on utilise plutôt des futons contenant des matières d'origine animale, telles que la laine ou le duvet. Cependant, le coton absorbe bien l'eau et l'humidité, et il évacue la transpiration pendant que vous dormez. En été, le futon n'est pas étouffant et, en hiver, il est chaud car il isole du froid du sol. Le coton est également doux pour la peau et a un poids confortable qui favorise un bon sommeil ; aussi ce type de futon garde-t-il de solides défenseurs.

L'entreprise Otafukuwata, fondée en 1840 et dont le siège se trouve dans l'arrondissement de Hakata (Fukuoka), produit des futons en coton naturel expertement fabriqués à la main par des artisans matelassiers certifiés de première classe. Ils font attention à bien rembourrer le futon ou le *zabuton* jusque dans les coins, afin qu'ils puissent garder leur forme, et ces produits sont de la meilleure qualité au Japon. Un autre de leurs attraits est qu'ils sont faits sur commande et donc que leur taille, leur épaisseur et leur poids peuvent être personnalisés. Une fois que vous aurez expérimenté le plaisir de dormir sur ces futons artisanaux, vous trouverez difficile de revenir à n'importe quel autre type de couchage.

木綿ふとん

昔は、嫁入り道具として、母や祖母が心を込めて木綿ふとんをこしらえ、娘を嫁に出したものでした。現在では、羽毛や羊毛など動物性素材のふとんが増え、木綿ふとんを使う人は少なくなってきています。木綿は吸湿性・吸水性にすぐれ、寝汗などもしっかりと吸収してくれるので、夏は蒸れにくく、冬は底冷えせず暖かいのが特徴です。お肌にも優しく、程よい重さで安眠できるという根強いファンもいます。

天保11年（1840年）に博多で創業した「おたふくわた」の「天然木綿ふとん」は、一級寝具技能士の資格をもつ職人が1点ずつ丁寧に手掛けています。木綿のふとん・座布団の要である「角」までしっかりと綿が詰まり、綿くずれしないつくりは、国内でも最高クラスの仕上がりです。オーダーを受けてから仕立てるため、サイズや厚み、重さも相談できるのが手作りならではの魅力です。職人の作るふとんの寝心地といったら、他の素材のふとんには戻れないほどです。

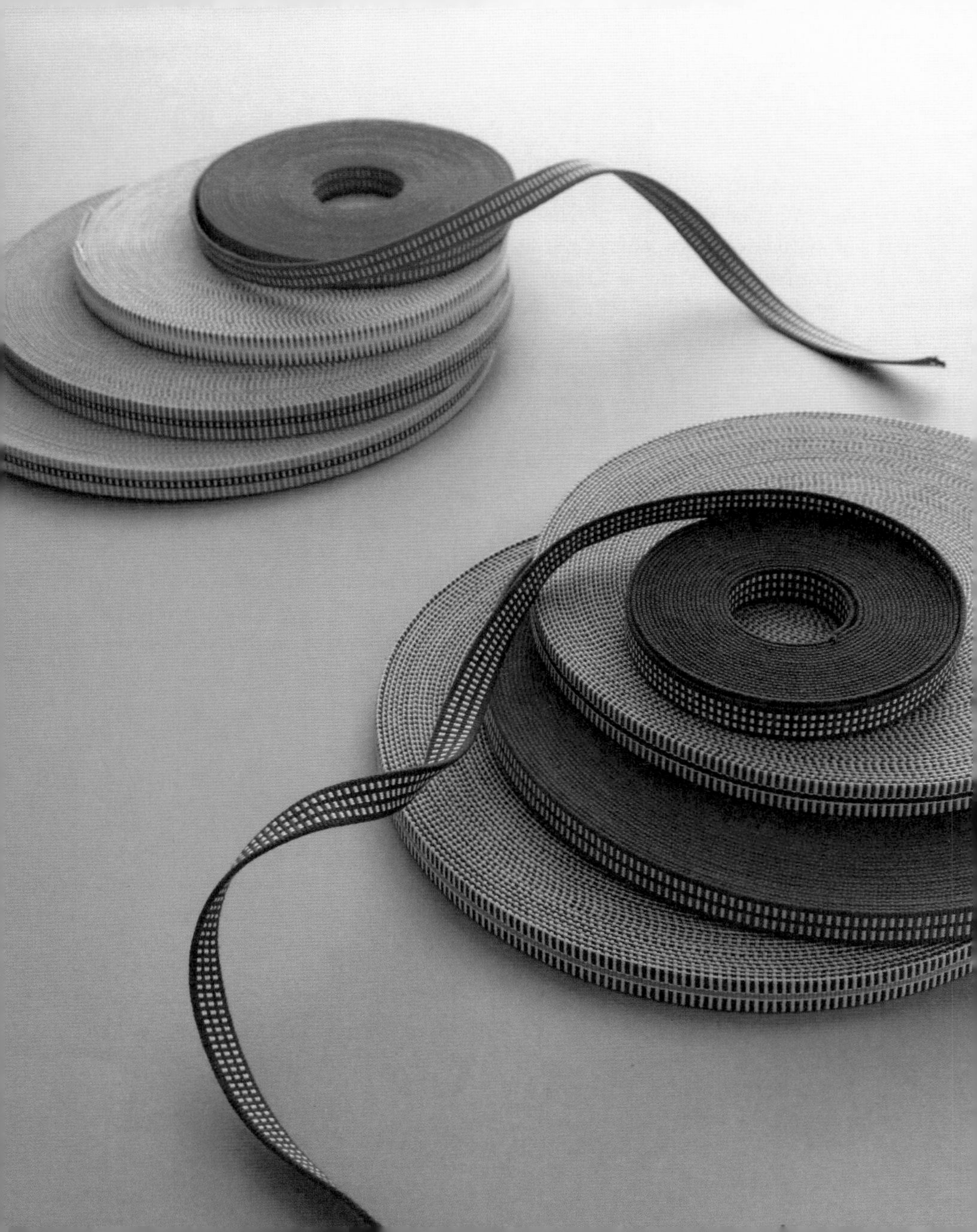

Cordelettes *Sanada himo*

Après la bataille de Sekigahara en 1600, les généraux des provinces en guerre Masayuki Sanada et Yukimura Sanada, le père et le fils, furent confinés dans leur demeure. Pour assurer leur subsistance, ils firent tisser par leurs domestiques des *himo*, ou cordelettes, de grande qualité qui devinrent connues sous le nom de *Sanada himo*. Orimoto Sumiya, à Kanazawa, dans la préfecture d'Ishikawa, détient 85 % des parts de marché dans la fabrication et la vente de *Sanada himo*.

Les *Sanada himo* sont des cordelettes plates fabriquées en utilisant des fils de chaîne et de trame de coton et de soie pour créer des tubes à armure toile et double tissage. Les plus étroites mesurent 6 mm, les plus larges 30, et il existe plus de 90 modèles disponibles. Ces superbes cordelettes finement tissés sont tout à fait uniques. Étant faciles à renouer, elles sont utilisées pour assujettir les emballages et, comme elles sont solides et ne se distendent pas facilement, elles peuvent servir à porter des objets lourds.

Soucieux de développer la pratique de la cérémonie du thé, Sen no Rikyu fut le premier à fixer le couvercle des boîtes en paulownia contenant les ustensiles de thé avec des *Sanada himo*. Les différents motifs sont semblables à des blasons familiaux ; aussi, divers temples, écrivains et écoles (arts, sports, etc.) utilisent des cordelettes avec un motif unique afin que l'on puisse rapidement identifier à qui appartient un objet. Cette tradition se perpétue depuis 450 ans.

真田紐

関ヶ原の戦い後に蟄居していた戦国武将の真田昌幸・幸村父子が、家臣たちに上質な紐を織らせ生計を立てていたことから、その名がつけられたという「真田紐」。石川県金沢市にある「織元すみや」は、この「真田紐」の製造・販売で全国シェアの85%を占めます。

「真田紐」は、木綿や絹の縦糸と横糸を使って、紐状に平織り、もしくは筒状に袋織りされた平らな紐です。紐の幅は、一番狭くて二分（約6㎜）から、広いものでは十分（約30㎜）まであり、柄も90種類以上にのぼります。世界でも稀に見る、美しく細い織物です。結び直しやすいことから荷紐に使われ、伸びにくく丈夫で重いものを吊り下げることもできます。

また、千利休が茶道を広めるために、茶道具を入れる桐箱の箱紐としても使用するようになりました。家紋のように、様々な流派や作家、寺院が独自の柄の真田紐を使用することで、一見してその所有権がわかるという文化が生まれ、450年経った現在でも受け継がれています。

Comment nouer des cordelettes *Sanada himo*

Ces cordelettes sont utilisées pour fermer des boîtes contenant des bols à thé, de petites boîtes à thé et autres ustensiles pour la cérémonie du thé. Les boîtes ont, dans leur partie inférieure, un trou de chaque côté pour la cordelette. La méthode présentée ici s'appelle *hidari-shihokake*, ou « attache du coin supérieur gauche », et est utilisée dans l'école de cérémonie du thé Urasenke. L'école Omotesenke lui préfère *migi-shihokake*, ou « attache du coin supérieur droit ». Une fois dénouée, elle est difficile à refaire, aussi pense-t-on que ce style était destiné à empêcher les personnes étrangères de toucher les objets contenus dans la boîte.

真田紐の結び方（左四方掛け）

茶碗や棗などの茶器をしまう箱に使われ、正方形に近い形をした下部の四方に紐穴のある箱を結びます。こちらで紹介する「左四方掛け」は裏千家の結び方で、表千家では左右が逆になる「右四方掛け」が用いられます。一度解いたら同じように結ぶのが難しいことから、部外者に手出しをさせないために考案されたと言われています。

Comment nouer des cordelettes *Sanada himo* ／ 真田紐の結び方

1 L'avant de la boîte en paulownia étant tourné vers vous, faites un L inversé sur le dessus avec la cordelette, puis passez-la dans les deux trous du bas.

2 Prenez l'extrémité de la cordelette partant vers la droite, passez-la dans la boucle, puis placez-la sous la boîte à gauche.

1 桐箱の正面から見て、箱の上に逆L字に紐が掛かるように、下部の穴に紐の両端を通します。

2 右側に出ている紐の先を輪の上から通し、紐先を箱の左下に置きます。

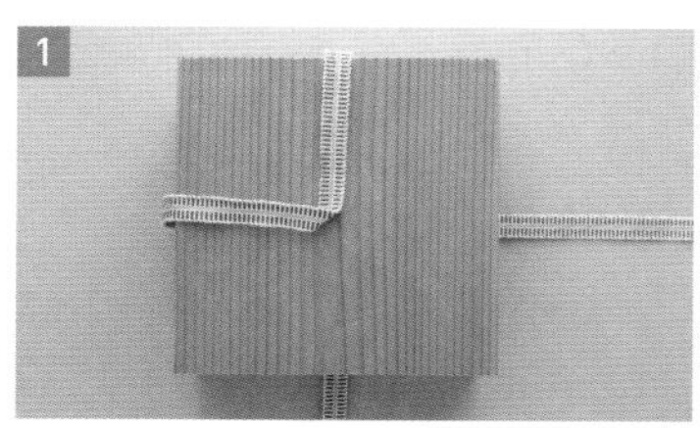

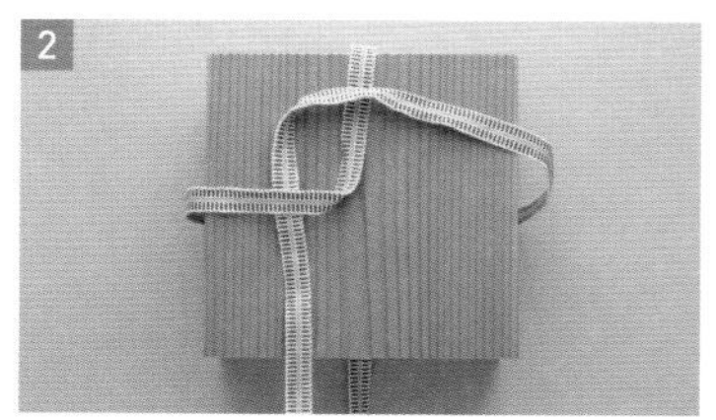

3 Prenez l'extrémité de la cordelette qui est devant et passez-la dans la même boucle qu'à l'étape 2, mais par au-dessus.
4 Placez l'extrémité de la cordelette de l'étape 3 dans le coin supérieur droit.
5 Repliez la cordelette qui a été placée sous le côté gauche à l'étape 2 et faites un pli montagne.
6 Prenez la cordelette placée en haut à droite à l'étape 4, placez-la par-dessus la corde au pli montagne de l'étape 5, et pliez-la deux fois dans et à travers la boucle.
7 Tirez sur le côté supérieur de la boucle gauche et le côté inférieur de la boucle droite, arrangez la forme, et le nœud est terminé !

3 手前に出ている紐の先を、2で通した紐と輪の上から通します。
4 3で通した紐先を右上の角に置きます。
5 2で左下に置いた紐を山折りに折り上げます。
6 5で山折りした紐に4で右上に置いていた紐を上からかぶせ、輪状の部分に二つ折りにしてくぐらせます。
7 左側の輪の上側と右側の輪の下側を引き締め、形を整えたら完成です！

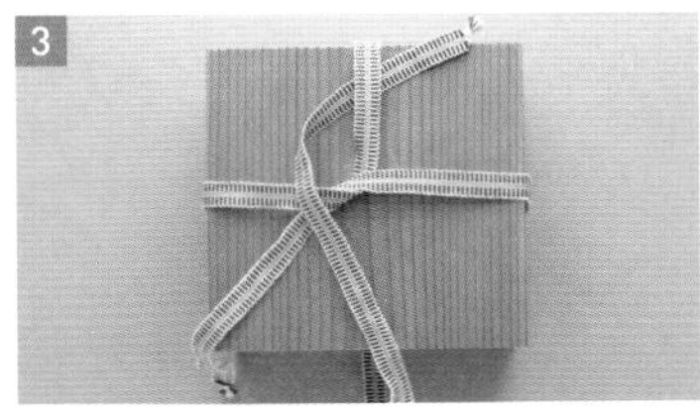

倫子

Tissu d'emballage pour les cadeaux *fukusa*

Les emballages sont présents dans toutes les cultures et au Japon ils servent également à transmettre les sentiments de l'expéditeur au destinataire. Un aspect particulièrement admiré est l'ingéniosité avec laquelle les Japonais créent différentes formes d'emballages.

Les *fukusa* sont des pièces de tissu rectangulaires, plus petites que les *furoshiki* enveloppant les vêtements, qui sont utilisées à l'occasion des mariages et des funérailles pour emballer les enveloppes contenant les dons en argent destinés à marquer l'événement. Ils ont un rôle pratique car les bandes cérémonielles en *noshi* et les cordons décoratifs *mizuhiki* peuvent se défaire et l'enveloppe se salir, mais ils expriment également le respect pour le destinataire dans ce moment particulier.

Ce *fukusa* de chez Wakana, à la couleur unique et au motif traditionnel, est confectionné avec la meilleure soie de la ville de Nagahama, dans la préfecture de Shiga, une région qui se glorifie de produire de la soie depuis 300 ans. Les *fukusa* sont un moyen discret de montrer qu'on se soucie de l'autre, en créant un lien de joie ou de tristesse à une étape importante de sa vie. Le sens originel de *fukusa* est « envelopper doucement ». Pour les félicitations, on utilise des couleurs comme le rouge, l'orange et le vermillon ; tandis que pour les condoléances, le vert, l'indigo, le gris et autres couleurs similaires sont de mise. Le violet est approprié en toutes occasions, aussi est-il très utile d'en avoir un de cette couleur.

袱紗

物を「包む」という文化は世界中にありますが、日本における「包む」には、相手を思いやる意味合いが含まれています。また、あらゆる形のものを創意工夫して「包む」のも、世界に誇れる日本文化の一つです。

冠婚葬祭の際に、祝儀袋や不祝儀袋などの金封を包むために使用する、風呂敷を小さくしたような方形の布が「袱紗（ふくさ）」です。のしや水引が崩れたり、袋が汚れたりしないようにするためだけでなく、先方の心中や祭礼を重んじる心遣いを表すものでもあります。

この「和奏（わかな）」の袱紗は、300年の歴史を誇る絹の産地、滋賀県長浜市の最高級絹織物を使用し、独自の色と伝統模様があしらわれています。相手の気持ちを思いやり、さりげなく人生の節目にある喜びや悲しみを共にする袱紗。その語源が「ふくさめる＝ふんわりとやわらかく包む」という意味であるのもうなずけます。お祝い事の際は、赤やえんじ、朱色などを、お悔やみの際は、緑や藍、鼠色などを使います。紫は慶弔兼用できるので、一枚用意しておくと重宝します。

Comment utiliser un tissu pour emballer les cadeaux *fukusa*

Un tissu pour emballer les cadeaux *fukusa* est utilisé à la fois pour les félicitations et les condoléances ; toutefois, la couleur, le motif et le style de l'emballage diffèrent selon l'occasion.

Pour les félicitations, on utilise des *fukusa* de couleur chaude et, pour les condoléances, de couleur froide. Le violet est approprié à toutes les circonstances et convient aux hommes comme aux femmes. Bien que les *fukusa* de couleur unie, sans motif, soient considérés comme les plus beaux, en cas de célébration d'un événement heureux, choisissez un motif de bon augure.

La façon d'emballer est différente suivant qu'il s'agit d'une enveloppe avec un don de félicitation dite *shūgi-bukuro*, ou de condoléances dite *bushūgi-bukuro*. Assurez-vous de ne pas vous tromper !

袱紗の使い方

袱紗はお祝い事にもお悔やみ事にも使いますが、慶弔によって袱紗の色柄、包み方のマナーが違います。

お祝い事には暖色系の袱紗を、お悔やみ事には寒色系の袱紗を使います。紫色は男女、慶弔関係なく持てる色です。柄は基本、無地が良いとされていますが、お祝い事の場合は縁起の良い柄を選びましょう。

祝儀袋、不祝儀袋の包み方は違いますので、間違えないようにしましょう。

Comment emballer une enveloppe pour un événement heureux ／ 慶事の包み方

1 Étalez le *fukusa* et placez la *shūgi-bukuro* légèrement à gauche du centre de la diagonale.

2 Pour commencer, repliez le coin gauche par-dessus la *shūgi-bukuro*.

1 袱紗を広げ、対角線上の中央からやや左側にご祝儀袋を置きます。

2 最初に左側をたたんで祝儀袋にかぶせます。

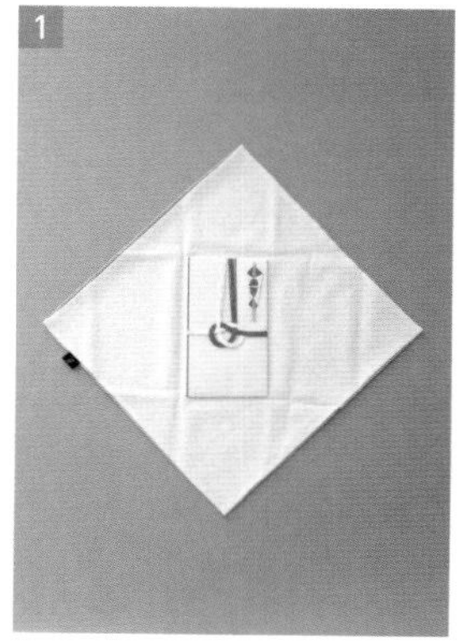

3 Ensuite, repliez le coin supérieur, puis le coin inférieur.
4 Pour finir, repliez le coin droit et cachez la pointe.

3 次に上側をたたんでから、下側をたたみます。
4 最後に右側をたたみ、端を折り込みます。

Comment emballer une enveloppe pour des funérailles ／ 弔事の包み方

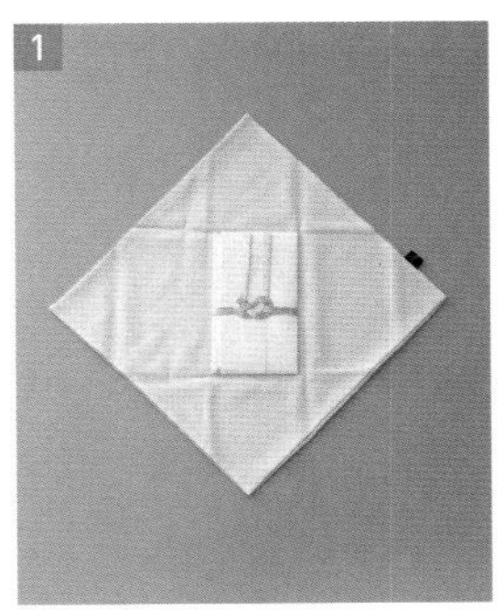

1 Étalez le *fukusa* et placez la *bushūgi-bukuro* légèrement à droite du centre de la diagonale.
2 Pour commencer, repliez le coin droit par-dessus la *bushūgi-bukuro*.
3 Ensuite, repliez le coin inférieur, puis le coin supérieur.
4 Pour finir, repliez le coin gauche et cachez la pointe.

1 袱紗を広げて、対角線上の中央からやや右側に不祝儀袋を置きます。
2 最初に右側を内側にたたんで、不祝儀袋にかぶせます。
3 次に下側をたたんでから、上側をたたみます。
4 最後に左側をたたみ、端を折り込みます。

Paniers à fleurs en bambou *hana-kago*

Le bambou est souple et résistant, ce qui lui donne une place essentielle dans le mode de vie japonais. Il est utilisé pour des objets du quotidien, tels les balais ou les passoires, et des objets d'art. Comme il pousse très vite, atteignant 15 mètres en soixante jours, il est depuis longtemps apprécié comme symbole de fertilité.

Kochosai Kosuga, fondé à Kyōto en 1898 en tant que fournisseur d'objets en bambou pour la famille impériale, produit des articles d'une beauté moderne fascinante. Il y a environ soixante ans, alors qu'il n'existait pas encore de teinture noire pour le bambou, ils développèrent une technique de teinture unique dont on peut observer le résultat dans ce panier à fleurs *hana-kago* s'inspirant d'un motif de cocon. Depuis lors, ce panier est devenu l'une des créations les plus représentatives de l'entreprise. Sa silhouette doucement incurvée est obtenue en tissant de fines bandes de bambou, et tout le processus de fabrication est réalisé manuellement par des artisans qualifiés. Au long des années, ils ont œuvré à protéger la tradition et ses techniques, tout en introduisant des touches de modernité dans leurs efforts pour revaloriser le travail du bambou.

竹の花かご

竹はしなやかで強く、日用品やほうき・ざるといった荒物、工芸品など、日本人の日常生活になくてはならない素材でした。また、60日で約15メートルに達するほど成長が早いため、子孫繁栄の縁起物として古くから愛されてきました。

中でも、モダンな美しさで魅了されるのが、1898年の創業から宮内庁御用達として皇室に竹工芸品を納めたこともある、京都「公長斎小菅（こうちょうさいこすが）」の竹細工です。約60年前、まだ竹を黒く染める染料がなかった時代に、独自の染色方法を開発して生まれたのが、この「繭」をモチーフにした「竹花かご」です。以来、公長斎小菅を象徴する商品の一つとして作り続けられています。優しいカーブのシルエットは菱目編みで形作られ、細い竹ひごから仕上げまでの全工程が職人の手によるものです。長い間、伝統と技術を守りながらも現代の感覚を取り入れ、竹工芸の価値を高める努力を続けてきました。

日仏対訳
日本人の暮らしを彩る和雑貨
Wazakka—Beauté et perfection des objets japonais du quotidien

2022年1月8日 第1刷発行

著　　者　君野 倫子

発 行 者　浦　晋亮

発 行 所　IBCパブリッシング株式会社
〒162-0804
東京都新宿区中里町29番3号
菱秀神楽坂ビル9F
TEL 03-3513-4511
FAX 03-3513-4512
www.ibcpub.co.jp

印 刷 所　日新印刷株式会社

ISBN 978-4-7946-0692-1

Printed in Japan